吳姐姐講聖經故事

②摩西出埃及

吳涵碧——著

【推薦序】

有血有肉看到摩西

【作家】彭蕙仙

在華人的閱讀世界，「吳姐姐」就等於是「講故事」，尤其是「講歷史故事」了，無數讀者透過吳涵碧成年累月辛勤筆耕的歷史故事，與浩瀚、綿長的中華歷史文化有了連結；吳姐姐的歷史故事不但帶讀者回到歷史現場，也把當代史觀以及正道深刻的價值觀，以旁徵博引的手法帶進歷史長河的探索中；吳姐姐的歷史故事啟蒙了台灣一代又一代的讀者、且影響力持續擴及至使用中文的地方，成為許多人與歷史對話、與族群集體記憶對話、乃至於與典範對話、最終得以和自己對話的養分和泉源。

原以為寫完一大套五十冊的《吳姐姐講歷史故事》之後，吳涵碧就會退隱江湖了，畢竟完成這二百萬言，跨越五千年歷史，並且被前教育部長郭為藩譽為足可媲美《資治通鑑》、台灣史上最暢銷的大眾歷史讀物，真的也可以說是功德圓滿了。沒有想到吳姐姐的心不只如此，或許應該說，上帝的心不只於此。停筆多年後，因為信仰的緣故，吳涵碧竟展開了新的歷史寫作之旅——她決心依主題、人物將《聖經》故事改寫成能讓更多普羅大眾、特別是學子們有興趣、能接近的歷史故事；吳涵碧以慢工出細活的方式，兩年完成一本。

摩西帶領以色列人出紅海的經歷，對有信仰的人來說，這是神蹟，對尚未信的人來說，則可能是個神話，但無論如何，這應該可以說是《聖經》最為人熟知的「橋段」之一，《吳姐姐講聖經故事》第二集，正是以摩西生平為主軸，以一個接著一個不可能的任務，鋪陳出摩西的生平與心路歷程，讓讀者一步一步走進摩西的人生，更一步一步看著上帝是如何預備摩西的人生，好讓他可以承接偉大的民族與神國使命。

摩西的人生充滿戲劇性和勵志性，他的人生分成三個「四十年」，第一個四十年，他是埃及公主的養子，在法老宮中成長，受過當代最豐富完整的六藝教育，文武雙全，享受過人間最頂級的奢華生活；第二個四十年，摩西在曠野流浪，過著牧羊人的生活；第三個四十年，摩西帶領以色列人出埃及。關於摩西的這三個四十年，《聖經》都有記載，但他心路歷程的變化、個人生命如何與族群命運連結，以及，摩西怎麼樣順服於上帝的呼召，有很多細膩的轉折與起承轉合的變化，或許對還不熟悉信仰的人來說，就需要更多一點的闡述與補充，讓人可以更立體、也更有血有肉地看到摩西的生命史；吳姐姐的這本書，就發揮精采的「導覽」與「詮釋」功能，讓讀者透過更多細節了解摩西人生的來龍去脈。

身為專業的民間史家，吳涵碧有嚴謹的治學與考證功夫，同時她又是說故事高手，要講《聖經》故事，特別是要講一個像摩西這樣的〈舊約〉時代的人物故事，文化的轉譯工作非常重要，包括時空背景、民情風俗，都有賴說故事的人為讀者鋪設好必要的閱讀橋樑，以便於通往摩西彼時彼地情境。

吳姐姐真是體貼，她一定費了很多精神參考各式各樣的傳說、典籍和故事，讓讀者更能掌握事情的前因後果；她信手拈來，就是今古對照、文化比較，例如埃及人關於「神」的觀念，不但有助於讀者了解為何法老王會如此冥頑不靈，也對埃及人的生死觀，甚至於木乃伊的製作過程都能有所了解，真可以說是長了知識、多了見聞。

當我去埃及旅遊時，最感驚奇的還不只是金字塔的雄偉浩大，更是這個民族對「Next Life」（來世）的執迷，無論是皇族貴冑，還是販夫走卒，無不費盡心力為Next Life做準備，彷彿眼前的人生是不值得活的，這種集體的Next Life狂熱，或許也某種程度可以解釋法老和他的一千大臣怎麼可能可以對「十災」有那麼大的忍受力，簡直到了神智不清的程度。究中之因，或許不只是法老王傲慢，而是集體的欠缺現實感，讓埃及人無法體嘗今生今世之苦之樂之得之失，因而也不能及時做出人生的修正；許多無法讓自己脫離罪的轄制的人，也常是因為活在虛擬人生之中，過分專注於追求超現實的經驗，在真實的人生裡成為異鄉人，無路可走，以致崩潰毀滅。

在歷史上，摩西真真確確地帶領了以色列人離開了捆綁他們、消耗他們的埃及地，如今，摩西帶領以色列人出埃及的故事，則已成為一則隱喻：每個人的人生都有紅海，而上帝為每一個祂愛的人都預備了「摩西」。〈出埃及記〉是〈舊約〉的第二卷書，很多人覺得〈舊約〉難讀，讀完〈出埃及記〉就有點暈眩了，因此有個笑話說，不少讀者讀《聖經》很難「走出埃及」。相信吳姐姐講的故事可以幫助更多讀者願意親炙《聖經》原典，並且走出埃及，探索更多上帝寶貴的話語。

【代序】

《聖經》是一本有字天書

吳涵碧

你怕鬼嗎？

小時候的我，是完全不怕鬼的。身處科學時代，我輩讀書人，若仍舊懼怕鬼神，未免無知。

一直到，我遇上了大困難。

我和我最尊敬的王壽南教授結了婚，他是歷史學者，我們相知相愛，彼此扶持。由於先天近視，又過分用功，他的度數直飆二千六百度以上。以至白內障的小手術，竟讓他一隻眼睛失明，開刀之後，大量出血，醫生謂：「行醫以來，未曾遇見。」另一隻眼睛也開始不斷惡化，各界名醫，相繼束手。驗光小姐舉起指頭晃來晃去：「快看看，一根指頭？兩根指頭？」

啊，真是謝謝了，不必費心，壽南連人都看不見了。醫生大傷腦筋頻頻打呵欠，或者手拍心口：「你的眼睛，聽起來太嚇人了。」準備送客。

我們不甘心坐以待斃，於是：打坐、氣功、靈療、前世今生、喝香灰、祭改衣服，所有稀奇古怪的方法全部試過。甚且長達一年，每天晚上到一家道教廟中，期待師父顯靈，看到有人被鬼附身，師父趕走，鬼又回來。每天輪番上映種種「卡到陰」的悽慘恐怖。至此，不得不相信，世上果然有鬼。如今想起，毛骨悚然。

當然，壽南的眼睛並沒有痊癒。此時聞說泰北有位女巫，法力無邊，我們又不死心地趕了去，原來，女巫用拜過神的鴨蛋，在人身上一抹，此處的瘀傷會跑到鴨蛋。他的眼睛，既然禁不起開刀，若是白內障順勢去除，豈不妙哉。

結果又是白忙一場。不過，我的確在砸爛的鴨蛋之中，看到蛋清之中，有一枚鐵釘，傳說中的下蠱赫然在目，也是開了眼界。

泰北歸來，壽南厭倦被廟中鬼神捆綁，也不願意碰觸犯沖改太歲的煩瑣。從小不信邪的我，開始怕鬼，既懍於鬼暗我明，又心疼焦急不能救他的眼睛，每晚睜眼到天亮。壽南是最好的先生，即使看不見，仍然深情地保護我、疼愛我，讓我更加不忍。

走投無路之下，我們走進了靈糧堂，溫暖明亮，當教拜團歌聲一響，我忍了三年，努力用牙齒囓住下嘴唇，命令自己，不許哭出來，免得傷到壽南的心。這一回眼淚汩汩而出。彷彿小時候，數學考壞了，媽媽永遠不怪我，只是把我攬在懷裡，讓我盡情地哭。

他和我，像兩個小孤兒，第一次被天父爸爸摟住，輕聲安慰：「不要怕。」我們開始禱告，有了真正的依靠。

我們也把自己的痛苦擱下，觀察周圍的奇怪景象：家有智障兒的父母，在台上又唱又跳，而且自稱喜樂家族；被親友坑殺、遭黑道圍剿的弟兄，笑咪咪表示，從《聖經》中得到力量；我最好的朋友張敬瑾癌症復發，她卻比以前更熱力四射，美麗開朗，因為《聖經》中說：「我留下平安給你們。」

這一切，都是豈有此理。

不過，我們學習讀《聖經》，壽南看不見，自然我讀給他聽，然而他是嚴謹的歷史學者，規定每天《舊約》兩篇、《新約》兩篇，一個字不許漏，我讀得七零八落，期期艾艾，他聽得一頭霧水，莫名其妙。兩個人都是搞歷史的，處處感到疑惑，但是我們仍然不間斷勉力繼續，愈來愈讀出滋味。上帝的大能、牧師的關心、弟兄姐妹無私的愛，我們相信，終於找對了路，雖然壽南的視力持續惡化中。

二〇〇六年六月，我們受洗，回到家中，內心仍然澎湃。我拿起牧師送的《荒漠甘泉》，隨手一翻，一句話猛然出現在眼前：「耶穌說，你去吧，你的信救了你了，瞎子立刻看見了。」（〈馬可福音〉10：52）

我心下一驚，天啊！

接著，拆開禮物，好友王蜀嘉送的新《聖經》，打開一瞧，竟然同樣一句話，同樣章節，一模一樣跳入眼簾。這樣的命中率未免太少了，而且正是我們心中所巴望的。上帝開口了。

我開始了悟，《聖經》之為聖，同樣一句經文，每個人讀，聖靈帶來不同的啟發。甚且同樣一個人，昨天今天讀同樣的句子，因為時空不一，神也在說不同的語意，這就是「萬事互相效力，讓愛神的人得到益處。」無怪乎，《聖經》永遠是世界暢銷書排行榜上的冠軍。

受洗之後，壽南的眼前愈來愈黑，但是我們對神的信心有增無減，深信「醫有時」，什麼時候？靜候天意。

二〇〇七年十月二十五日，在神的帶領之下，劉榮宏院長為壽南動手術，全身麻醉，用傳統手法，取出如黑豆般的「黑內障」，死馬當活馬醫，他竟然看見了，哈利路亞！

感謝這一場災難，讓我們夫妻的感情更深刻；讓我們認識，沒有什麼是理所當然的；更讓我們確認，上帝就是中國人所說的老天爺。一切困難，只有「天知道」，但是，人們「知道天」否？

上天有祂的價值，祂的原則，祂創造人的目的，祂祝福人的理由，祂降災的苦心，這一切都記載在《聖經》之中，上帝最可愛的地方是「是就說是，不是就說不是」。上帝不故弄玄虛，卻也不是江湖術士可一窺天機。

誠如歌德所言，世界存在一天，就不會有人敢站出來說，我已經完全了解《聖經》。可是區區在下，就像一個小孩子，站在仁愛路上，發現仁愛路可以看到總統府，忍不住想嚷嚷，急著想把好消息告訴迷路的人。

許多年前，當我還處在排斥福音階段。人所敬重的周聯華牧師建議，要不要寫一點《聖經》的故事，我心裡想，「這是最不可能的事。」豈料今日誦讀若寶，熱心姐妹居乃台又鄭重敦促，「該寫，該寫。」啊，莫非冥冥天意？

於是，我謙卑向神祈求，在上帝帶領、壽南鼓勵、皇冠大力促成之下，大膽開始《吳姐姐講聖經故事》。我想，我最大的優點，就是了解一般人進不去《聖經》，嘗過閱讀的障礙。從此開始日日夜夜、夜夜日日，浸泡《聖經》之中，看書、閱讀、思想、咀嚼，並且大量翻查考古資料、歷史記載，希望藉著生動有趣的故事，激發讀者想看《聖經》的驅力，即使是老基督徒，也能看到新鮮的「聖經背景」。

《吳姐姐講歷史故事》，雖曰吳姐姐，我的內心，實乃效法司馬光寫《資治通鑑》，他是想寫給皇帝看的，每一位讀者都是皇帝，職場是朝廷，家庭是後宮。其實，只有成年讀者才能體會個中滋味。

《吳姐姐講聖經故事》則是源自德蕾莎修女的名言：「上帝正在為世人寫情

書，你我可願成為代筆者？」是的，天父愛每一位子女，全是祂的心肝寶貝，我渴望讓讀者知道，自己是上天的王子公主。

《聖經》是深情的天父，寫給孩子們的情書。願你我都變回小孩的敞開，看到靈性的世界，讓奇奇妙妙的美好，進入我們生命之中，即使世界末日來到，我們也能上天堂享永生。

容我深深一鞠躬，耶穌愛你，我也愛你，上帝祝福你。

二〇一二年平安夜

目錄

1. EXIT—緊急出口：〈出埃及記〉

當戲院舞台的燈光乍滅，當公共場所突然停電，剎那之間，一片黝黑，驚怵之感油然而生。這時，二十四小時從來不熄燈，卻也不引人注意的一方綠色牌子「EXIT—緊急出口」，上面畫著一個奔跑的小人兒，溫暖而醒目地亮起，安穩正確地指引逃生方向。

EXIT是拉丁文，英文是Exodus，也是《聖經》中第二卷書〈出埃及記〉的卷名，好萊塢曾經拍攝《十誡》電影，由卻爾頓希斯頓、尤伯連納主演，主題曲〈Exodus〉是代代相傳的經典名曲，雄偉深沉，帶來力量。迄今在電腦中，仍可聽到，真是好聽極了，原唱者安迪威廉斯堪稱一絕。

《聖經》是人類歷史上的書中之書，全球各大旅館，打開抽屜，也一定躺著一本《聖經》，銷量數以億計，譯本二千多種文字。

整部《聖經》，由四十位作者接力一千四百年，由神啟示人寫成。從來沒有任何一本書，有如此多的讀者研讀背誦，影響生命。我們所欽羨的牛津大學、哈佛與耶魯大學，他們的前身都以研究《聖經》為主旨。認識耶和華是智慧的開端，再普及各類知識。

大家所熟悉，因為蘋果落地，從而發現地心引力的牛頓，也是從神得到智慧。他的好友是無神論，每每因此譏笑他：「科學家還信這套嗎？」

有一天，朋友來找牛頓，只見桌上有一設計新穎、轉動靈巧的新機器，朋友側著頭看了半天，笑問牛頓：「這一定是你發明的新產品。」

「不是我。」牛頓表情嚴肅。

「那是誰？」

「沒有任何人，此乃自然演化產生的。」

朋友大搖其頭：「別開玩笑了，這絕不可能自動產生的。」

「既然這麼簡單的小玩意，你都認為背後有一個原創者，宇宙如此複雜，你卻認為大自然憑空而來？」牛頓認為，自己對宇宙的認識，不過滄海一粟。

朋友不開口，似有所悟。牛頓翻開《聖經》對他說：「神與我們立約，以彩虹為記號，若不是神創造的宇宙有一定的秩序，我們科學家無法研究任何東西，我們只能心存謙卑。」

中國人說「天行健，君子以自強不息」，因為神掌管了一切，才能四季嚴明，否則黃曆怎能預測來年，何時大暑，何時立冬，上帝就是老天爺。

我們都是神所創造的，就像任何產品問世之時，必然附帶使用功能注意事項，甚且使用年限，上帝可不想製造千篇一律的機器人，而是各具稟賦、有靈的活人。因此，神又給了人自由意志，於是人人隨著七情六慾勇往前衝，造成天下大亂。這還又包括了人眼不能見的，長天大地充斥的邪靈，隨時準備蠱惑人心。

於是，神挑選了以色列民族，成為神的選民，希望藉著他們，表現出合於上帝的價值觀，讓人在有限的一生之中，享受神所賜給的一切。死了之後，還可以上天堂，與神和過世的親友歡聚永生。因此，神直接介入以色列人的歷史。

在《聖經》第一卷書〈創世記〉之中，我們看到夫妻諉過、兄弟相爭、兩女奪夫、同性戀、召妓、詐騙、霸凌、亂倫、冤獄、種族歧視、販賣人口……種種衝突。有神藉著人顯現出來的大愛光輝，也毫不掩飾暴露各類醜惡罪行，和今天聳動嚇人的社會新聞完全吻合。真是太陽底下，沒有新鮮事，人就是人。

〈創世記〉的最後記載著，由於大饑荒，雅各帶著家小，投奔在埃及當宰相的兒子約瑟，他們的名字是「流便、西緬……等等共七十人。」因此，希伯來《聖經》這一卷書的名稱是〈他們的名字〉，真是有趣。

由於約瑟寬宏量大，原諒哥哥們的惡事，哥哥們得以盡情享受埃及的一切。他們是游牧民族，羊是財富，通常沒有機會吃肉，只有獻祭之時，分到少許。現在可好了，經常可以大快朵頤，享用烤肉大餐，配上韭菜，雅各兒孫們，愛死了當地美食。

還有香甜冰透的西瓜，埃及是世界上最早生產西瓜的地方，在四千多年前，就生產這種野生漿果。雅各一嚐，讚不絕口。從此之後，約瑟不斷地供應上好西瓜，做父親的，自然招攏大夥一起開動。

在酷熱難熬的夏天，能夠痛快淋漓大啖西瓜，瓜汁濺滿一身，不亦快哉。當然，還不止於此，萵苣、洋蔥、茴香、葡萄、無花果、椰棗，一樣比一樣新鮮可口，尤其他們曾經瀕臨餓死邊緣，更覺天差地別。

此外，埃及人穿著的亞麻衣著，約瑟也一套套送來，當初哥哥們就是受不了父親只送約瑟新衣，恨得曾經推他入井，現在他們還是嫉妒討厭約瑟，卻是頗為欣賞這款柔和米黃色、冬暖夏涼、輕便舒適、美觀又耐穿的高貴精品。

法老器重約瑟，也喜歡雅各，又愛誇耀埃及的富庶，接連不斷送這送那到歌珊——法老所賜的放牧之地。就這樣，雖然雅各一家仍住在帳篷，早就升級為豪華版帳篷，由儉入奢易，誰不是如此呢？

因此，饑荒結束了，法老的盛情難卻，他們沒有離開埃及。約瑟死了，臨終之前，交代把他的骸骨帶回原地。哥哥們沒有體會環境丕變，還是情願當移民。

上帝原先造人，就準備要生養眾多，遍滿地面。猶太人與中國人一般，嚮往瓜瓞緜緜、多子多孫多福氣，雅各後代愈生愈多，多到埃及人嫌厭，乾脆抓來當奴隸使用，他們的操勞比他們騎的駱駝還要辛苦。

於是希伯來人就陷入「進得了埃及，出不了埃及」的窘境，他們捨不得種種愛戀貪慾，又極力想掙脫束縛痛苦，身陷牢籠，無語問蒼天。

人人心中有個埃及，這埃及可能是具體的，也可能是抽象的，「EXIT——緊急出口」正在指引方向。

2. 法老與眾神

「太陽下山，明早依舊爬上來」，這是大家所熟悉的歌曲。然而，在古埃及，人們認為如果法老沒有善盡職責，安撫眾神，那麼，到了第二天，太陽可能就消失了，尼羅河也許就乾涸了，法老的地位極其重要。

法老（pharaoh）是古埃及國王的尊稱，原意是高大的房子或王宮。宮中的主人，集軍權、政權與神權於一身。在埃及的雕刻之中，經常可以看見，兇猛的法老，手中拿著武器，在敵人的頭上揮舞，法老的周圍，堆積著數不清的屍體。

當約瑟因著解夢，被法老拔擢為埃及宰相之時，他知道他必須深入了解他的新老闆。約瑟驚奇地發現，法老自稱為神，在埃及人心目之中，法老更是地位崇高的神。埃及的神鋪天蓋地，日月星辰都是神，還有勾魂的神、愛神……牛狼蛇鳥飛禽走獸無一不是神。每個時代，每個城市也各有不同的神，且有不同的模樣與打扮。

按理說來，法老應該去眾神神廟膜拜，保佑國泰民安，但是，他忙不過來，只好請廟中祭司代勞。眾神之中最著名的是阿蒙拉，阿蒙拉通常被畫成頭上戴著漂亮羽飾，有時也會是頂著神聖公羊角的年輕男子。

神廟外面有著數不清的綿羊石雕，兩旁雄勇矗立，羊的下巴一律頂著小小的法老雕像，阿蒙拉是宇宙之神，法老把一切勝利歸功於阿蒙拉。

祭司每天要清洗兩回身體，才有資格進入神廟，一面唱歌喚醒神明，一面為神像梳洗打扮，抹臉塗油、供奉酒肉、薰香祭拜、表演歌舞，神像的臉通常用金子貼成，代表皮膚。

除了阿蒙拉神，埃及人最看重尼羅河神。由於約瑟將埃及治理得井井有條，法老非常滿意，時時會摟著約瑟說：「來，我們洗澡去。」

當二人裸裎相見之時，法老一定讚嘆：「我們在這聖河沐浴，可以得到尼羅河神大大保佑。」

埃及被稱之為尼羅河的贈禮，若無尼羅河，埃及只是一片焦烈枯黃的沙漠。尼羅河上游分為藍尼羅河、白尼羅河。藍尼羅河發源自衣索匹亞的塔那湖、白尼羅河源自烏干達的維多利亞湖，兩河入埃及之後，由於衣索匹亞高地雨水定期氾濫，在開羅附近形成肥沃的三角洲。特別是洪水退潮淤泥沉澱，其中充滿礦物質與腐草，正適合有機農業。

於是，農民輕輕鬆鬆把種子飛撒在田中，然後，趕一群豬入田。豬愛玩泥巴，推過來，拱過去，在兩隻豬中擠啊擠，瘋過一陣子，每一隻豬都滾成泥豬，麥田的種子已經深埋土內。

經過三到六個月的自然生長，一片金黃，麥浪滾滾，農民又鞭策驢子與牛，在麥場上不斷踐踏，不久，麥粒與殼分開，無論大麥小麥皆是如此，可釀芬芳啤酒，可製有嚼勁的麵餅。

埃及人愜意的耕種方式，約瑟真是開了眼界。後來西方歷史學者希羅多德也表示，這該是最輕鬆的農民了，完全沒有中國人「汗滴禾下土，粒粒皆辛苦」的古詩描述。甚且文學家余秋雨於一九九九年遊埃及，在《千年一嘆》書中也記載，當地農民由著性子胡亂種，好在尼羅河流域土地肥沃，陽光充足，總有收穫。

埃及是世界四大文明古國之一，其他三個是中國、巴比倫與印度。也各有一條大河，灌溉農田，中國是黃河，巴比倫是幼發拉底河、底格里斯河，印度則是恆河。

約瑟站在尼羅河邊，思索著父親雅各率家人到達埃及之後，該在哪兒安置？希伯來人傳統是游牧，約瑟決定學習埃及人的長處，以牧羊的理由，向法老要一塊地，事實上又種田又畜牧。

由於約瑟為法老立了大功，法老慷慨地把埃及境內最好的一塊土地，歌珊地給了他們，歌珊地位在尼羅河三角洲北端，河水滋潤。因此，四百年之後，雅各一家成為

二、三百萬人口的民族。

上帝的帶領實在奇妙，約瑟因為被兄長迫害，來到埃及，受了冤獄，卻也因此當上宰相。這不僅是塞翁失馬焉知非福，而是他在任何艱困的環境之中，永遠專心信靠上帝，冥冥之中，上帝使他百事亨通。

約瑟看到了埃及的古典壯麗，也目睹了繁華富庶，卻堅守信仰，沒有被埃及大小神像所迷惑。

埃及的宗教後來影響希臘，希臘的占星學就是這麼來的，也是西方神秘主義的源頭。古代埃及神，後來往往成為希臘神。前面提到的阿蒙拉神，成為人們所熟悉的希臘宙斯。等到耶穌降臨，進入《新約》時代，由於使徒保羅的宣揚，希臘還是成為基督教國家，也開始信仰約瑟相信的上帝，成為希臘正教，就是天主教的一支。

在《聖經》之中，無論埃及眾神，或是其他任何地方的神，不只是石雕木刻，也有若干靈力，因此以大寫God（代表上帝）與小寫god（代表一般神）區別之，在《聖經》〈以賽亞書〉中記載，有一天，埃及人也會拋棄眾神，專心敬拜耶和華神。

3. 一探木乃伊

二〇一一年初，埃及人民起來反抗總統穆巴拉克之時，紛紛擾擾中，埃及博物館中兩個木乃伊的頭顱被砍斷，引起大譁，幸而專家表示可以修復。

埃及人為什麼如此重視木乃伊？木乃伊又是如何製造的？這個問題，約瑟也曾經疑惑。

希伯來人約瑟被兄長出賣，來到埃及當奴隸，獲得法老內臣護衛長波提乏賞識，任命為管家，開始學習埃及的各樣事務。包括文字、藝術、建築、科學，在在吸引約瑟，充分滿足他的求知慾，然而，埃及人何以如此鍾情於木乃伊，他實在大惑不解。

波提乏見約瑟如此好學不倦，也就願意細細教導：「我們埃及人認為，宇宙就像一個大大的長方形盒子，或者一個扁平的氣泡。盒子的底邊，就是你我腳下所踩的大地，略略有一點凹下去，埃及就剛好位在盒子的正中央，盒子的頂端是天，大地的四角，由四座大山撐住，盒子的邊緣環繞大河，河中有一艘大船，載著太陽，來來回回地行駛，我們的神廟中，到處畫了類似的圖像。」

「你我現在在盒子底端活著。」

「是的。」約瑟恭敬地回應著。

「人死了，就升到空中。但是靈魂不會死，只要屍體保存得很好，就會重返軀殼，死而復生。」

「喔？」約瑟不相信，但是不敢表露出來。

波提乏確切地說：「所以，人即使死了，也要常常回到墓穴，探看屍體，是否保存完好。」

既然如此，保存屍體自是天地之間一等一大事，約瑟逐漸明瞭埃及人的想法，他在學習入境問俗。

最早期的時候，木乃伊是直接形成的。由於埃及氣候炎熱乾燥，人們把屍體埋在淺淺的墓穴之中，上面覆蓋簡單的編織物或毛氈，烈烈陽光曬在漫漫沙土之上，不一會兒，屍體的體液完全揮發，卻又保持著指甲、皮膚、毛髮的完整齊全。

在中國古代，新疆一帶也有類似的乾屍，近年來也出土了所謂樓蘭女屍。

埃及的社會逐漸發展之後，王公貴族們認為，自己的屍體任憑曝曬，公開亮相，實大不敬也。為保存隱私，開始把木乃伊葬在土洞墓穴之中。如此，問題出現，屍體既與陽光沙土隔絕，必然腐壞，即使用亞麻布層層包裹，無法保固。

經過了反覆研究，埃及人發現屍體腐敗的關鍵是內臟，內臟潰爛的禍因是體液，他們終於找到了對策。

以下是製作木乃伊的秘笈：

——首先，將木乃伊放在泡鹼之中，脫水，保持乾燥，防止細菌繁衍。

——進行挖腦：用一銅製，帶有倒鉤，類似長匙的工具，從鼻腔深入，切開一小孔。接著，倒入棕櫚酒，再使用一個細長的金屬，伸入腦部，搗碎腦漿，使腦漿與棕櫚酒充分混合，再翻轉屍體，將液體排空，留下一個淨空的腦殼。

——正式開腹：在屍體左側切開一小孔，將肺、肝、腸、胃一一取出，放在一個個稱為「卡諾卜」的陶罐之中，罐子雕刻成人頭的形狀，考究的，還依死者生前面貌雕成。

——沖刷屍體：用椰子油與香料洗淨屍體，再填以樹脂、浸過樹脂的亞麻布與鋸屑，接著原樣縫好。

——屍體再入泡鹼之中，封乾四十天，如同臘肉醃好一般，取出體內的填充物，洗淨，放入桂皮、沒藥、樹脂末等，同時，把處理過的心臟放入。

——將處理完畢的屍體，塗上一層油脂香料，用白色亞麻布將指、掌、腳、軀幹依次包好，屍體與亞麻布中間，放上甲蟲雕像、護身符。

——處理過程之中，如果不慎在挖腦時，碰壞鼻子，要安置一個木製的假鼻子，眼窩之中，也會放一對假眼睛，所謂畫龍點睛也。

——若是法老木乃伊，還要套上刻著生前容貌的金面具，戴上項鍊，套好戒指，大功告成。

於是，這就成為人們今天在博物館中看到的木乃伊，雙目微閉，臉上安詳平靜，雙手交疊置於胸前（代表尊貴）、穿著潔白的長袍，躺在華麗的棺木之中，棺木外還有精緻的棺材套。

一八八一年，考古學家在戴爾巴哈利洞穴之中，發現了四十具完好的法老木乃伊，一九九九年又發現距今四五〇〇年的木乃伊，前後算起來，出土的木乃伊已有數萬具，分散在英國、法國、德國、瑞士的博物館之中。

當然，要看木乃伊，還是要去埃及博物館，這些木乃伊被放置在玻璃櫃之中，維持著攝氏二十二度的恆溫，栩栩如生，彷彿花博中的永生花，逼真卻沒有生命。然而對於生物學、解剖學有一定的學術成就。

值得思考的是，人生的意義在於成為一具木乃伊嗎？

4. 木乃伊復活？

有一段期間，國片盛行殭屍，銀幕上殭屍被翻譯為「mummy」，其實mummy是專有名詞，指的是木乃伊，乾屍也，乃是古埃及人經過慎重處理之後的屍體。埃及人深信，如果屍體保存得宜，有一天，靈魂再來，死人可以復活。

根據這種理論推衍出來，古埃及人相信，愛他，就是死後將他製為木乃伊，推而廣之，對其他動物也是同等對待。

古埃及人認為，公牛是法老的象徵，不但平日打扮得金光閃爍，死後製成的木乃伊，身上還佩戴名貴珠寶。尼羅河多鱷魚，鱷魚代表索貝克神，具有保護的大能，鱷魚也被製成木乃伊。埃及人最愛貓，家中失火第一個要救的是貓，許多貓還沒有死，就被打死升格為木乃伊，用來膜拜。

木乃伊還有一個木乃伊神來管理，稱之為阿努比斯神，此神與狗、狐狸、猿有關。

回頭說到約瑟，正如同約瑟為法老解夢時所言，他任相之後，一連七年都是豐收，且有餘糧貯存於糧倉之中，根據規矩，法老要親手收割一束麥子，彷彿現代要員剪綵一般，開張大吉，眾人賀喜。

法老望著麥浪滾滾，意興風發，卻不免有一絲惆悵，人生歲月，來是偶然，走是必然，何其不捨也，幸而可以被製為木乃伊，重返人間，再享榮華。

法老對約瑟說：「將來我死了，也要被製為木乃伊。」要知道，一具上好的木乃伊相當昂貴。

「是的，當然。」約瑟恭恭敬敬地回答。

「至於你，」法老用力拍著約瑟的肩膀說：「也要做成木乃伊。」

約瑟嚇得倒抽一口氣，急忙推卻道：「我是一個希伯來人，恐怕不妥當吧。」

「怎麼會呢？」法老親切地喚著約瑟的埃及名字：「撒發那忒巴內亞啊，你為埃及立了大功，就是我們埃及人，我一定不會虧待你。」

約瑟盛情難卻，只得閉口。約瑟的晚年，如同倒吃甘蔗，愈來愈甜，他一直活了一百一十歲，親眼見到自己第四代子孫，臨終之時，兄弟圍繞、子孫擠在床邊，約瑟平靜地說：「我走了，神會帶你們到祂起誓應許給亞伯拉罕、以撒、雅各之地。」

過了一會兒，他又舊話重提，重複他不曉得唸了多少遍的老調：「你們可千萬要記得，要把我的骸骨搬回老家。」

約瑟的兒子以法蓮、瑪拿西握住父親的手，不斷地安慰他，約瑟還是放心不下，非逼得他們起誓。

約瑟離世，死後哀榮，埃及人費了四十天工夫，將他的屍體製成上好的木乃伊，到了後來，摩西率眾離開埃及之時，還是遵其遺囑，把骸骨帶走了。

多少歲月無聲無息地過去了，木乃伊依舊屍身不壞，安放在博物館之中，西洋影片中，每每出現木乃伊突然站了起來，嚇得人魂飛魄散喊救命的鏡頭，畢竟是出自編導的想像。

從邏輯上推衍，木乃伊若是還魂，屍身應該失蹤，歷史上沒有這樣的紀錄。那麼，有沒有死人復活，屍體失蹤的記載？有的。

在《聖經》之中，我們可以看見，耶穌被釘在十字架之上，三天三夜之後，馬利亞（不是耶穌的母親馬利亞）來到墳墓旁邊，訝然地發現，重達一噸的石頭，竟然被搬開了，她探頭一望，裡面空空如也，嚇得拔腿狂奔，飛報彼得、約翰：「不好了，有人把主的屍體挪走了。」

這二人一聽，立刻以比賽跑百米的速度趕赴，發現如繃帶一般纏繞屍體的白布還在（這點與木乃伊一般），裹頭巾散在另外一處，只是屍體不翼而飛，他們搖搖頭，想不出所以然來，悻悻然回到家裡。

重感情的馬利亞捨不得走，抽抽答答不斷抹眼淚，突然，她看到安放屍體的地方，不知何時出現兩個白衣天使，天使溫柔地問她：「哭什麼？」

馬利亞啜泣地說：「有人把我主的屍體搬走了。」突然她聽到有人呼喚：「馬利亞。」她原先以為是看守墓園的，定睛一看，天啊，竟是活回來的耶穌。

好消息沸沸騰騰地傳開了，向來具有科學精神的門徒多馬說：「除非，讓我親眼看見他手上的釘痕，以及他肋旁的洞口，否則，這事我不能相信。」

過了八天，門徒閉門關窗正在聚會，突然之間，耶穌顯現，親切地對大家問候：「願你們平安。」然後轉身對多馬說：「來，伸手探探我肋旁的洞。」多馬一面仔細窺視傷口，一面回想羅馬士兵一槍扎入耶穌的肋骨，鮮血汩汩而流的慘狀，忍不住喃喃道：「噢，我的神我的主。」

耶穌慈愛地對多馬說：「你是因為見了我才信，那沒有看見就信的，有福了。」耶穌復活之後，與門徒相聚四十天才升上天，在其間多次顯現，有一回還做了早餐款待門徒。門徒從此相信耶穌所說的，我會在天堂為你們預備地方。因此，後來門徒殉道之時，一點兒也不畏懼，因為，他們知道他們要到最美的地方與耶穌相聚。

耶穌復活，直到今天，到永遠都活著，這一天稱之為復活節，是僅次於聖誕節最重要的節慶。

5. 金字塔何以被稱之為金字塔？

提到金字塔，人們馬上眼睛一亮，彷彿看到堆積如山的黃金。其實，金字塔與金子毫無關係，只不過是金字塔的形狀、方底、尖頂，無論從何等角度觀察，都是等腰三角形，很像中文字中的「金」字，不能不佩服最先翻譯者的高明，信達雅三者兼備。

好玩的是，在英文之中，金字塔譯為pyramid，字源為希臘文中的pyramis，意思是小麥餅，據說希臘人看到金字塔，馬上想到可口的小麥餅，因之得名。有點兒像中國北方點心「驢打滾」，其實是糯米沾裹花生粉，有如驢在泥土中翻滾一般。

其實，金字塔說穿了，就是埋葬木乃伊的墳墓。最早的時候，埃及人把木乃伊上面擱擺一堆石頭，有錢人的石頭比較高，尊貴的法老自然堆得更高，演變到後來，竟然成為一座石頭山。

埃及人稱金字塔為「麥爾」，本意是升起，代表法老沿著金字塔的斜坡，上了天梯，有如太空人藉著火箭升天。埃及人最崇拜太陽神「拉」，拉指的是一天當中，正午的太陽，金字塔的形狀代表刺破雲天的太陽，照耀萬物。

《聖經》之中，約瑟的正確年代不可考，因此，他到底看過幾座金字塔不得而知。不過，迄今發現的八十座金字塔都是大同小異，其中最大、最為世人所知，也是年代最為久遠的是胡夫金字塔，被譽為古代七大奇蹟之首。胡夫金字塔原高一四六・五九公尺，長期風吹日曬雨淋，高度已經降低九公尺，現高一三七公尺，由二百五十萬石塊砌成，平均每塊重二・五噸，大的更達十五噸，總重量達六百八十四萬噸，一塊大小就如一個房間，繞塔一周約一公里，實在夠嚇人。

據說拿破崙曾經在金字塔附近激戰，當他渺小的身影（他本來就矮），與金字塔對比，自認是巨人的拿破崙黯然傷神，自己形容：「有如五千年的時間在看著我。」

一直到今天，胡夫金字塔是世界觀光最著名的景點，遊客來到，總要努力爬上一、兩塊巨型石磚，擺出英勇的姿勢，拍個不停，回去好吹噓一番。不過，抱歉，相機是不准帶入金字塔內的，必須暫時交給管理員。

現在的金字塔內沒有木乃伊，不是被竊，乃是安放在金字塔博物館之中。金字塔內斜坡陡峭，黑暗陰森，蝙蝠不停飛來嘶去，令人毛骨悚然，有人迷信金字塔能，宣稱走了一圈，精神煥發，卻也有人嫌其陰氣太重，回來大病一場。

金字塔的石塊與石塊之間沒有水泥，卻結合緊密，連小刀也難插入，據說乃是十萬人花了二十多年的時間才造成。這些石塊從哪兒來？如何搬上卸下，許多現代頂尖建築師反覆思考，認為即便使用最新的工具，也會困難重重，莫非外星人參與？

埃及法老熱中於建造金字塔，卻不修宮殿，這與中國古代恰恰相反，中國人忌諱談死，不喜歡建陵墓，免得觸自己的霉頭。

但是也有例外的，例如秦始皇，他於始皇三十五年開始建造「五步一樓，十步一閣，廊腰縵迴，簷牙高啄」，可容納一萬人的阿房宮，卻在始皇二十六年，在驪山山腳之下，進行陵墓大工程，他的計畫是把整個驪山挖空，建造如皇宮一般富麗的超級大墳墓。

秦始皇並且為自己製造大量的兵馬俑，俑是古代用以殉葬用的木偶，因為過分逼真，因此孟子批評：「始為俑者，其無後乎？」意思是這種不尊重人的，沒有後代。

無獨有偶地，埃及金字塔中也不乏各類俑，許多且用黃金打造，用來象徵法老在來世也可以更享受。

在中國古代經常出現的、用以鎮邪的石獅子，埃及也出現。最著名的人面獅身像，高達七十二公尺，象徵法老的智慧與權力。與其說是人面，不如說是猿面，因為他的鼻梁塌陷，彷彿被打扁了，有人說是阿拉伯人用加農炮，對準鼻子為靶心，精確命中目標，不過，應當是歲月的摧蝕。

希臘人稱人面獅身為斯芬克斯，因為在希臘神話之中，斯芬克斯是女獸。每天在路口問路人相同的謎語：「什麼動物早上用四隻腳，中午用兩隻腳，晚上用三隻腳走路？」沒有人能回答，都被牠吃下去了。

有一天，來了一個名叫埃迪帕斯的迅速地回答：「這不就是人嗎？小嬰兒用四腳爬地，長大以後兩隻腳行走，到了晚年得用枴杖。」人面獅身獸立刻自殺，希臘斯芬克斯應與埃及人面獅身像無關，卻平添了傳奇性。

回到《聖經》來看，無論法老或秦始皇，他們所做的一切偉大工程全是枉然，因為人是死不掉的，肉體一定朽壞，靈魂卻永遠不滅，人人不免一死，所不同的是上天堂或下地獄。

著名的盲人作家，海倫凱勒曾說：「我以前一直處於絕望之中，不曉得為何人生如此悲慘，現在我相信，我有一天會上天堂，不再殘廢，永遠年輕活著，我了解，在世上，我要盡心盡性盡意愛神，且要愛人如己，我很清楚，死亡代表重新誕生。」

不僅海倫凱勒、牛頓、康德，寫《福爾摩斯》的柯南道爾，以及沒手沒腳，全身只長了「像一隻小雞腿」的力克，全都如此深信《聖經》之中一句名言：「要釋放那些一生因怕死而成為奴僕的人。」

因此基督徒的喪禮有不捨，也有期盼，不會絕望痛哭。

6. 數不清的孟姜女

根據維基百科的記載，古代世界有七大奇蹟，頭一個就是金字塔，由於金字塔高聳壯麗，工程險峻，因此有人戲稱，金字塔是外星人所建造的。

其實，任何一個古代奇觀遺蹟，都是現代人所謂的血汗工廠——壓榨勞工血汗的結果，月球上太空人都可依稀看見的萬里長城亦復如此。

秦始皇是中國歷史上第一個稱為「皇帝」的皇帝。由於民間流行一句話：「亡秦者胡」，胡就是北方游牧民族，他除了派大將軍蒙恬領三十萬大軍北伐胡人，並且把戰國時代的三段長城連為一氣，這就是著名的萬里長城。

在那個人心慌亂的時代，誰家的男丁若是接到徵召令，彷彿是領了催命符，傳說中蘇州萬員外的獨生兒子萬喜良，嚇得逃之夭夭。

某夜，萬喜良無處棲身，躲入孟府花園，恰好千金孟姜女不慎落入荷花池，衣衫濕透。她突然發現了萬喜良，小生驚慌，美人羞憤，急得要投井。最後在萬員外作主之下，意外地匹配良緣。

不料，正在吹吹打打舉行婚宴之時，縣差衙役闖入，當場把新郎押到長城工地，萬喜良一介書生，不堪折騰，很快就一命嗚呼。消息傳來，孟姜女眼前發黑，懸命趕赴工地收屍，悲從中來，放聲大哭特哭，長城竟轟然而倒。

同樣是大規模的工程，埃及建築一樣欠缺勞動力，埃及法老把腦筋動到希伯來人之上，這就是《聖經》中第二卷〈出埃及記〉的開頭，距離第一卷〈創世記〉其中相隔了四百年的時間。

想當初，雅各因為饑荒，投奔在埃及當了宰相的兒子約瑟，一共才七十人（其中還包括約瑟在埃及生的兩個兒子）。他們住在埃及最肥沃的歌珊地，法老奉為上賓，定期供給上好的糧食，歌珊地可耕種可放牧，在猶太人的孜孜經營之下，繁榮壯大，人口逐漸增多（到了〈出埃及記〉時，多達六十萬大軍，不包括婦女孩童）。

希伯來人、以色列人、猶太人是同樣的意思，只是分別偏重於文化、種族與宗教信仰。我們通常用：「這人很猶太作風。」形容他們節儉，其實，猶太人不愧是上帝的選民，優秀勤奮，全世界頂尖的科學家、音樂家都不乏猶太人，紐約華爾街半邊天下都是猶太人。

面對著這麼一大群，不斷繁殖又自成體系的希伯來人，埃及法老開始傷腦筋，這一位法老究竟是誰，史家有不同的說法，他敲著腦袋抱怨：「你們看看，這些以色列人數目比我們還多，又比我們強盛，我們若是不想個辦法來對付他們，將來，他們若與我們的敵人聯手，就輪到我們要被迫離開埃及了。」

法老的擔心不是沒有道理，埃及平原寬闊，地廣人稀，易攻難守，歷史上有多次被外族入侵的例子，法老決心先下手為強：「來，罰他們做苦工，愈苛愈好，修築比東、蘭塞兩個積貨城吧！」

所謂積貨城，不只是用來儲存穀物的城，且是交通樞紐，比東位於今天埃及的比亞東，意思是亞東地方的房地產，蘭塞則為今日的特立得巴，許多觀光客都喜歡拿著《聖經》在此旅遊，遙想當年，同時深度靈修。

酷吏們領了「虐奴」的命令，爭相設計整人的法子，埃及人原本就看不起畜牧為業的希伯來人，即使約瑟貴為宰相，宴請自家兄弟，也得另開一桌，埃及人不屑與希伯來人同席。希伯來奴隸沒有酬勞，沒有休假，一天工作十三個小時以上，連上廁所都有嚴格限制。

在種種勞役之中，最髒最苦的該算是製磚了。埃及的磚頭不像我們普通看得到的紅磚，厲害的鐵頭功可以用腦袋瓜子砸碎兩、三塊，埃及的磚有的高一呎、寬半呎、六吋厚，材料來自尼羅河的泥沼與稻草，堅固實在。

炎炎烈日之下，成群奴工彎腰駝背，吃力地把泥土搬來，不斷揉入稻草，再塑模曬乾，累得半死，隨時遭到鞭打斥責，日復一日，月復一月，年復一年，從頭髮到腳趾全是污泥，沒有乾淨清爽的時候，因為法老的命令，就是「讓希伯來人覺得生不如死」。

一位年輕的苦力忍不住嘆息：「我父親對我說，在過去的約瑟時代，可是過著如貴族一般的生活啊。」

旁邊的老者嘆息道：「不要再說了。」

遠遠站在高處的督工怒喝：「工作時不要說話！」說著，大腳一踢，沉重的磚塊落滾而下，恰恰命中一位年輕勞工的頭顱，他慘叫一聲，腦漿與汗水、淚水、血水，糊了一地，當場死亡。

「快，把屍體拖出去，不要弄髒了磚頭。」督工命令一下，一會兒，眾人水一沖，完全看不出命案痕跡。

「哎，希伯來人就是太多了。」督工還補了一句牢騷。

秦始皇自認上天之子，法老也是神之子，既然都是神，就可以隨興制定法律，用「合法」的方式殘害人民，督工既是奉命辦理，也就聽不到內在良心的聲音。

孟姜女並無其人，不過是孟子中的一句：「華周杞梁之妻，善哭其夫。」（華周和杞梁的妻子，因為哀戚痛哭已死的丈夫，變化了齊國的風俗。）歷史上也沒有哭倒長城這一回事，然而，人們對孟姜女有說不出的親切與同情，因為古今中外，每一個奴工背後，都有一個哭泣的母親，若是他結了婚，肯定有一個傷心的孟姜女。

7. 殺嬰滅族

二〇一一年三月，日本爆發海嘯，核能外洩。德國是第一個率先宣佈未來將廢止核電的國家，再次證明日耳曼民族的理性自制。讓人不禁懷疑，何以在二次世界大戰之中，納粹竟然屠殺六百萬猶太人。

根據史家研究，猶太人曾經兩手空空移民德國。六百年之後，百分之五十的大學校長、法官、律師、科學家全是猶太人，領盡風騷，富可敵國。甚且連大科學家愛因斯坦也是猶太人，為了逃避納粹，移居美國。

希特勒宣稱上帝已死，號召了許多因嫉恨而心中爆炸的德國人，將猶太人財產充公，關入集中營，先是殺光老弱的猶太人，接著乾脆用毒瓦斯集體處決，並且扔入焚化爐燒盡骸骨，希望達到滅族的最終目的。

德國人在戰敗之後，清醒過來，不曉得當時何以鬼迷心竅（從《聖經》之中發現，邪靈的確會悄悄滲入人心，讓人成為魔鬼的奴隸），因此在慕尼黑保留一處集中營廢墟，上面立了一塊牌子：「不能記取歷史教訓，歷史必將重演。」吸引了許多觀光客。

其實，太陽之下沒有新鮮事，《聖經》〈出埃及記〉之中早就上演這類似情節，雅各一家希伯來人，逃難來到埃及，過了四百三十年的快樂時光，後來的法老對壯大的猶太人極度反感，想出種種方法虐待猶太人，讓法老害怕的是，猶太人口繼續攀升。

法老責備督工，沒有貫徹命令。

督工無辜地說：「小的冤枉啊！那些猶太人每天被操練得筋疲力竭、遍體鱗傷，一拐一拐地回去。」

「嗯，這樣還不斷生孩子？」

督工兩手一攤：「我也弄不清楚。」

法老氣得把手指頭扭來扭去，發出難聽的聲音，狠狠地說：「不如殺光，全部消滅。」

「不可以。」督工連連搖手：「太可惜了，希伯來人雖然討人厭，卻聰明認真，埃及有太多工程需要人力。」

「說得也是。」法老也捨不得眼前利益。「不過，也絕不能看著他們人口爆炸，快去，把希伯來收生婆的頭頭給我找來。」

不一會兒，來了兩個收生婆的領班，所謂收生婆就是產婆或助產士，一個名叫施弗拉（就是美麗之意），一個名叫普阿（就是秀麗之意）。

「聽著。」法老鄭重親自交代：「妳們這些收生婆們，以後接生，若是男嬰，立刻處理掉，若是女嬰則可留著，我也會厚厚賞賜妳們。」

法老的計畫是：逐步消滅希伯來人，女嬰長大，則與埃及人通婚，達到優生的目的。

施弗拉和普阿是信仰上帝的人，她們深知世界上絕沒有「神不知鬼不覺」的事，一舉一動一思一念，上帝睜著大眼睛在瞧，由於神曾對亞伯拉罕預言：「那地的人要苦待他們四百年。」因此，四百年來上帝靜悄悄，她二人不斷禱告，也沒聽到神的聲音，但是，她們可不敢做傷天害理的惡事，殺嬰兒？開玩笑。

第二天，有人著急通報，某婦人快要生了，普阿加快腳步奔了去，按照希伯來婦女臨盆的標準模式，找來兩塊大石頭，對著產婦說：「跪下，用雙手抓緊石頭、吸氣。」

產婦痛得大呼小叫，普阿一旁頻頻拭汗，加油打氣。

沒多久，小嬰兒呱呱墜地，普阿用手托著小貝比，把嬰兒身上的羊水、血水洗乾淨，吻一吻臉蛋，拍一拍小屁股，送到媽媽的手臂之中。

「是一個漂亮的小男孩呢。」眾人歡笑，產婦笑，普阿也笑個不停，有人說：「難怪普阿叫普阿。」原來，普阿這個字也代表咯咯笑。

普阿心中複雜翻騰，她在心中對自己說：「就用我的命換嬰兒的命吧，救一個是一個。」

普阿如此，施弗拉如此，她們也沒有對其他收生婆傳遞法老命令，過了一段時日，法老發現小嬰兒有增無減，其中不乏男嬰。

法老傳喚普阿、施弗拉入宮，很不高興地冷著臉問：「妳們為什麼不遵行我的命令？」

普阿說：「沒辦法，希伯來婦人強壯得很，等我趕到，小貝比已經生出來了。」

「是啊。」施弗拉接著說：「許多產婦，也不是頭胎，她們平常都在勞動，生孩子如母雞下蛋一般容易。」

她二人所說，一部分也是實情，以色列女子以強健為美，當初亞伯拉罕挑選兒子以撒的媳婦，利百加因為美如水壯如山，且能幫十隻駱駝喝足水而勝出。一隻駱駝可以喝掉九加侖的水，可見利百加臂力驚人。一直到今天，以色列女兵照樣荷槍實彈，四處站崗守衛。是為以色列一景也。

法老對於生孩子這件事所知不多，乍聽之下，她二人講得似乎有點道理，也就放她們一馬，沒有處罰。

根據希伯來的習慣，通常是不孕婦人才去當產婆。猶太人與古代中國人一般，不孝有三，無後為大，因此，不孕的婦人是可恥的。

普阿與施弗拉從來沒有嫉妒能生的孕婦，抱以「君子成人之美」的胸襟一旁協助，如今更願意捨己救嬰，因此——神蹟出現，她二人先後懷孕，要請旁的產婦幫忙了。

真美，不是嗎？

8. 小姐姐的機智

傳播學者曾經做過一項調查，最吸引人們目光的關係是什麼？美女嗎？非也。答案是嬰兒。

每一個嬰兒的誕生，都代表上帝對人類尚未絕望，無論世界任何種族的嬰兒，生下來都是鮮嫩美好的。

然而，由於上帝一開始就把世界交給人，讓人負責，祂也給了人們自由意志，希望人作出正確的選擇，遺憾的是，人們經常選擇了最糟糕的。

埃及法老看到希伯來嬰兒，他沒有看到孩子的可愛，他選擇了憤怒，尤其當他幻想小嬰兒長大，成為可怕的對手之時，法老血脈僨張，他咬緊嘴唇說：「好吧，既然希伯來的收生婆不肯聽我的命令，把男嬰偷偷地殺了，那麼，我們埃及人就自己來執行。」

於是，法老當眾宣佈：「從今天起，所有希伯來初生的男嬰，一律丟到尼羅河裡。女嬰讓她活著，將來當我們的婢女、奴隸的妻子。」

這一條命令，不單是針對埃及軍隊，而是泛指所有埃及人都可以執法。法老利用族群仇恨，達到鞏固王權的目的。既然法老代表埃及，法老是神，套一句唐朝宦官魚朝恩的名言：「天下豈有不由我乎？」

頃刻之間，一隊一隊埃及士兵，闖入希伯來奴隸家中，奪過來正在吮奶的嬰兒，小娃娃嚇得大哭，全家人淒厲地叫喊，士兵拎著小貝比，像是倒垃圾一般，把一個個小嬰兒摔入河中。

夜色之中，躲在樹後偷看的約基別，一陣哽咽湧了上來。同時，立刻用手趕緊摀住女兒米利暗的嘴巴，免得她哭出聲來。

約基別的丈夫名叫暗蘭，夫妻都是利未人，乃以色列支派之一，上帝後來規定他們，得以在聖殿之中協助敬拜的事務，屬於祭司職位，因此現代教會之中，有所謂「利未人之家」，表示特別敬虔。有時在街頭，我們看見青年男女募捐做公益，稱之為「利未人之家」，一般人常不解其含義。

暗蘭是個奴隸，他們夫妻卻擁有幸福的家，夫妻彼此尊敬恩愛，生下了大女兒米利暗，三歲兒子亞倫，現在又剛生下一個圓滾滾的胖小子，還沒有取名字，家人暱稱之為小肉球。

母女二人按住胸口，害怕得趕回家。小肉球在黎明的晨光之中，看到了母親，很有安全感地打了一個大呵欠，又沉沉地睡去了，嘴角上浮動著神秘的微笑。

米利暗忍不住低低啜泣，她用力搖著媽媽的手臂，不甘心地抗議：「不要，不要，我不要小肉球餵鱷魚。」

約基別把米利暗攬在胸前，撥弄著她額上的劉海，親吻她紅紅的臉頰。米利暗這個名字，若從埃及文來看，意思是可愛的，若從希伯來文看，則有肥胖之意。米利暗聰明活潑，充滿了愛與熱情，約基別常常用手點著她的翹鼻子：「我們的米利暗，小小年紀，家裡什麼事，她都要管。」

暗蘭招呼全家跪下來，他不知道為什麼會發生這些悲劇，他只知道，當人們軟弱、痛苦，不知道該如何是好的時候，只能放下自己，依靠上帝。

接下來的日子，每一刻都是難熬的，約基別抱緊胸前的貝比，任何一點聲響，全家為之膽戰心驚。

幸而小肉球特乖，甚少哭鬧，頂多「嗯嗯」小聲發出信號，表示他餓了，要尿了。米利暗護弟心切，全天二十四小時保持警覺，半夜裡，小肉球似乎要喊叫，亞倫趕緊起身：「哥哥來救你了。」米利暗立刻輕聲喝斥：「小聲一些，你要害死小肉球！」全家彷彿上演諜報片一般，隨時處在緊張之中。

轉眼之間，小肉球三個月大，模樣俊美。小手小腳小屁股壯壯的，可愛極了，也真不容易再藏了，約基別心中，突然湧起一股對神的信心：「我的小肉球不會死。」

約基別快速地割了許多蒲草回來。這種蒲草的外皮撕下來，可以製紙，稱之為蒲草紙，極為耐用，英文中的紙（paper）就是出自蒲草紙（papyrus），質地堅韌，可製船、做草鞋、編家具。約基別手巧，很快做了一個小箱子，上面仔細漆上防水的瀝青與柏油。

接著，她痛下決心把小肉球放入箱子，提到尼羅河水淺邊，跪下禱告：「神啊！我約基別名字的意思是神的榮耀，願這孩子能榮耀神。」然後，她把箱子藏入蘆葦，拉起米利暗的手要回去。

米利暗不依，她甩開媽媽的手：「我要看著小肉球。」這個小姐姐，其實什麼也不能做，她只是捨不得弟弟，只能跪下來，不停地禱告。禱告了許久許久。

突然之間，來了一群宮女，簇擁著美麗的公主來沐浴。原來，埃及人認為尼羅河是聖河，他們相信在河中洗澡，可以得到尼羅河神的庇護。

遠處的米利暗心中狂跳：「神啊！救星來了。」果然，巡邏的婢女發現了箱子，交給公主，公主打開蓋子一看，眾人一起尖叫：「好可愛的小貝比。」小肉球受到驚嚇，哭得小臉脹紅，小手亂抓，公主無限愛憐，抱起小肉球，露出著急的表情。

米利暗突然現身，用很權威的口氣說：「他要吃奶了。」

公主望著這個講起話來有模有樣的小女生，忍不住笑了起來。米利暗見公主溫柔，又疼弟弟，乘機大膽建議：「我去找一個奶媽來。」

公主點點頭，米利暗以百米冠軍的姿態，拔腿就跑，卻懷疑自己是不是在作夢。感謝神，小肉球有救了！

9. 孩子天使

小嬰兒哭啊，哭啊，哭得眼淚都掉出來，公主同他一起哭了起來，公主沒有養過孩子，不曉得該如何是好。一群人正在著急，米利暗已經帶著一婦人，以逃命般的速度奔來。

米利暗還來不及介紹，那婦人馬上熟練地一把抱過嬰兒，小娃娃也自然地，雙手摟住婦人的頸項。婦人輕柔地舉起嬰兒的手，靠近自己的嘴唇，小娃娃立刻停止哭聲，婦人卻用力繃緊臉頰，努力地不要哭出來。

聰慧如公主，當下明白，來者是孩子親生母親。她也不說破，輕輕淡淡地問了一句：「妳叫什麼名字？」

婦人恭謹地回答：「約基別。」

「奶水豐富嗎？」公主笑盈盈地詢問。

「沒有問題。」

「我看妳伶手俐腳，妳就當我孩子的奶媽吧。我會付妳工錢，妳好好帶他，等到斷奶，婢女會帶孩子進宮。」

約基別聽到公主稱呼小肉球「我的孩子」，覺得心中一酸，頗不是滋味，但這也表示，小肉球得到免死金牌，不由暗呼：「感謝主。」

米利暗跑來跑去，頭髮都濕透了，真是能幹活潑的小女生。公主捏捏她的臉蛋說：「以後，妳也可以到宮裡來與摩西玩。」

「摩西？」約基別問公主。

「是的，摩西，這是埃及王室中常見的名字。我的婢女會跟著妳回去，知道妳住在哪兒。明天我把小床、小衣、妳的營養品全送來，妳要補補身子照顧摩西。」

就這樣，好像作夢一般，小肉球又回到母親身邊，只是媽媽變為奶媽。

到了夜晚，暗蘭回家，滿臉憔悴，一身傷痕，推開了門，赫然發現，小肉球穩穩睡著了，肚皮上下起伏著。他萬分驚恐道：「怎麼，妳又把寶寶帶回來了？」

立了大功的米利暗，立刻向前，一五一十報告經過。

暗蘭一把抱起米利暗，坐在大腿上面，誇獎道：「我的小乖乖，妳從小爸爸就知道妳與眾不同。」

「爸爸你知道嗎？公主為小肉球取了一個名字叫摩西。」

「太奇妙了。」暗蘭對米利暗說：「希伯來文之中，摩西的意思是從水裡撈起來。」

按《聖經》之中，挪亞方舟與蒲草箱，用的是同一個字。挪亞與摩西也都是經歷過大水，為神所拯救。

接著，暗蘭為亞倫與米利暗講了約瑟的故事，當他講到約瑟最後當了埃及宰相，拯救族人，米利暗偏頭問父親：「那摩西，將來會如何？」

「既然上帝今天出手救了小肉球，祂一定有所安排。」暗蘭拉起米利暗的小手，慈愛地說：「孩子，妳要好好照顧弟弟，未來只有靠妳。」

「我就是骨頭磨成粉，也會救弟弟。」

這個小姐姐意志堅決，似乎已經預知未來人生艱困。

第二天，公主打發婢女，送來上好的補品、嬰兒的副食品，甚且還有約基別與米利暗的衣服。暗蘭讚嘆：「公主實在好心腸，小肉球跟著她，一定會受到良好的教育。」

約基別突然哭了起來，她把所有東西挪到一旁，幽幽地說：「這些我全不稀罕，我只要我的小肉球，想到以後，我見不著他的面，我受不了。」

「沒錯，我也會捨不得。」暗蘭安慰妻子：「但是，別忘了，若非神的美意、公主的善良，小肉球就餵鱷魚了。」

人生，如果知道時光有限，就會更加珍惜，就好像鮮花比塑膠花惹人心疼。

約基別最享受摩西的睡眠時光，嘴旁淌著口水，身上發出嬰兒特有的乳香，約基別總不敢睡熟，惟恐睡夢中，小肉球消失了，她還是喜歡叫他小肉球。

可是，手掌捧不住水，時光很快過去了，摩西斷奶了，公主也派了婢女，準備接進宮去了。

暗蘭率領全家跪下，向神禱告：「親愛的上帝，我們知道，祢愛這孩子，超過我們愛這個孩子，今天，我們把孩子交給祢。」

約基別捨不得孩子，忍不住擦乾了眼淚，又繼續哭泣，終於，在長長的禱告之中，傷心的媽媽平靜了，她腦中出現一個畫面，那是當她被任命為奶媽之時，兩個女人同心保護孩子之時，互相交換了一抹神秘契合的笑容，雖然一是埃及人，一是希伯來人，本當仇視，卻是相愛。

孩子是天使，也是人與人相合的神國大使。

印度泰戈爾有一首小詩〈孩子天使〉：「我的孩子，讓你的生命到他們當中去，如一線鎮定而純潔之光，把你的和善的眼光落在他們上面，好像那傍晚的寬宏大量的和平，覆蓋著日間的騷擾一樣，讓他們望著你的臉，因此能夠知道一切事物的意義，讓他們愛你，因此他們能夠相愛。」

10. 王室教養

張澤端所繪製的〈清明上河圖〉原是最為膾炙人口的中國名畫。今天藝術家利用數位科技，將其轉化為會動的寶物，在上海世博曾經引起騷動，二〇一一年在台灣盛展。觀眾彷彿活回北宋汴京，也跟著走在市井之中，親身經歷一場繁華夢。其中一出場的進城驢隊，旁邊有幾個小朋友，遊樂嬉戲，發出呵呵笑聲，他們如〈百子圖〉一般，全頭剃光，左右留兩截粗短髮辮，逗人喜愛。

斷奶之後，進入埃及王室中的摩西，長大一點，他的髮型與此相似，光頭便於沖洗，防止頭蝨，右邊留著一綹小辮子，在十四歲行成年禮之前，都是如此，此之謂「青春之鎖」。

從表面上看，這是埃及公主從水中救起了摩西。其實，背後乃是上帝伸手，因為神要為希伯來子民興起一位領袖，一如前面的約瑟，他二人皆在埃及受過最好的教育，也經歷過埃及各種神明，或許上帝要他們親身比較，才能了解上帝的價值觀念。

例如最早發現鐳放射的居里夫人，晚年非常懊喪，她不喜歡核子武器，然而核子醫學確實對病人有益。人要保守自己的心，心一偏差，立刻會顯現在行為之上，惟有打心眼裡，服從神的權柄，才能調整心之方向，但這不表示，上帝反對知識。一切知識背後來自神。所以，約瑟、摩西前後留學，神同樣也愛埃及人，我們以後會談。

孩子的成長教育是重要的，根據許多學者的研究，認為這一位公主，極有可能是有名的哈雪蘇，她是一位極有擔當的女人，具有政治長才，由於她的女兒內芙瑞很早就夭折了，她把所有的母愛，傾注在摩西身上。

哈雪蘇冰雪聰明，氣質高雅，小摩西跟著媽媽學習，從小就是個彬彬有禮的小紳士。

摩西五歲了，該上學了，他所上的是設在皇宮中的資優學校，專門培養王公貴族子弟的地方。埃及人崇拜文字，認為文字具有偉大的力量，埃及文字由象形文字演變而來，一如中國甲骨文中有許多象形文。這種文字非常逼真優美，若是再塗上顏色，精心佈局，乃非常特別的最早文創。

如同中國的小學生一般，摩西開始認真閱讀，回到宮中，公主也和現代媽媽一般，牢牢盯緊孩子的功課，可喜的是，摩西熱愛學習各個科目。

埃及人重視書寫，老師們經常叮嚀孩子們：「記著，你們要熱愛書寫，勝過一切，我要使你們看見其中的美麗，善於書寫，比其他任何職務都更為偉大，就算在學校只待一天，就足以讓你受益匪淺。」

們學習。

這種教導，有點類似中國古人的「書中自有顏如玉，書中白有黃金屋」，鼓勵人

摩西善於書寫，作文成績出色，老師規定寫一片陶片，他可以洋洋灑灑寫滿兩大片。從種種資料顯示，摩西學過數學，使用十二進位與十進位的計算法，並且他的數學知識包括三角學，埃及人也研究考古、語言、歷史、文學、藝術，精通鐵與銅的製作，《聖經》之中曾說：「摩西學了埃及人一切的學問。」

摩西幼時，有一回吃東西，不慎失手，盤子碎了一地，小摩西好害怕，眼中漲滿淚水，等著被處罰。

豈料公主沒發火，只是溫柔地握住摩西的手，細細檢查，看看有沒有傷痕，俯身親了又親小手指，柔聲地說：「還好沒傷到手。」接著才正色提醒：「做什麼事都要專心。」摩西從此學會體恤人。

中國人說：「三代作官，才懂得吃飯穿衣。」其實，真正教養在內在的靈魂，《聖經》中上帝誇摩西為人極其謙和，超過世上其他人，這不能不歸功於公主的長期薰陶。

讓我們再回過頭來，一起討論一個有趣的問題，摩西到底何時入宮的？《聖

經》中只用「孩子漸長，婦人把他帶到法老女兒那裡，就做了她的兒子。」一筆帶過。也許因為《聖經》頭五卷書都是摩西後來寫的，目的是榮耀神，他為人謙和，從來不想標榜自己。

有的《聖經》學者認為，摩西在生母約基別那裡，至少長到四歲、五歲，足夠讓一個孩子了解同胞的苦難，學習神聖傳統，領受獨一真神的慈愛。

不過，在當時的險惡環境之下，埃及法老下令殺光希伯來男嬰，儘管在情感上，約基別一千一萬個不捨，在理智上，也會讓摩西早早入宮，所以極可能在斷奶之後，就把嬰兒送到公主懷中。

也有人懷疑，嬌嬌公主沒有帶孩子的經驗，如何養育摩西？埃及皇宮物質豐裕，婢僕幫手甚多，哈雪蘇冰雪聰明，這些都不是問題。

父母之恩，昊天罔極，包括了生之恩，也含蓋了育之恩，法老殘害希伯來奴隸，並不代表埃及人全是惡人，摩西同時擁有生母、養母充沛的愛，使他成為一個愛人的人。

11. 少年運動員

美國有一條唐人街，而不是宋人街。因為唐朝國威遠播，宋朝積弱不振。唐朝人具有尚武精神，除非年邁、病弱或者醉酒等特殊狀況，極少乘輿出門，乘輿就是坐轎子，甚至連女人也多能騎馬。宋朝人恰恰相反，重文輕武的結果，男人也坐轎子，女人則深鎖家門。

馬匹是唐朝普遍的交通工具，古畫中有唐代騎馬貴族婦人，出土的唐三彩騎馬女，馬背上的女人，頂著如同日本藝伎的尖高髮髻（事實上是日人學唐人），背脊打直，從容不迫，使人聯想到唐朝詩人張祜所寫的：「虢國夫人承主恩，平明騎馬入宮門。」這位女騎士是楊貴妃的姐姐。

民國初年，著名的學者羅家倫先生有鑑於此，在《新人生觀》一書之中，極力宣揚中國人應該丟棄「四肢發達、頭腦簡單」的想法，朝著「文明的頭腦、野蠻的身體」的目標邁進，達到強國強種之境界。

摩西的時代，大約在中國的商朝，那時候埃及也有轎子，在閒暇時節，摩西會與許多皇室貴族，一塊郊外旅行，轎子是為少數成員準備的，其他的人一律步行踏青。

轎夫非等尋常，跑得飛快，大家也氣喘吁吁追趕著，摩西一路領先，超越轎子，還得停下來等候隊伍，公主媽媽拍拍摩西的肩膀誇獎：「好，這一回又是你贏了。」

出遊之時，家裡的小狗也出發，東嗅嗅、西跑跑，興奮莫名。一會兒躍到轎子前面，一會兒又轉回主人腳前，中國字中的「笑」的起源，就是狗入草叢，追逐奔跑，樂不可支。

摩西的好體格來自遺傳，摩西的生母約基別，若生長在今日，一定也是可以丟鐵餅的女運動員。摩西的父親暗蘭，乃是希伯來奴隸，若是身體孱弱，早就仆倒。

猶太民族的優秀，不僅是智力領先，而且贏在體力。

摩西還是小嬰兒時期，他小小一個人躺在那兒，自己跟自己玩，按著節拍，抬手踢腿，忙得很。他的小姐姐米利暗，最喜歡看弟弟表演床上運動，每次摩西體操開始，米利暗就會興奮莫名。

可是，說也奇怪，只要有人靠近，摩西立刻收功，若是誰敢讓他踢上一腳，倒也挺痛的。因此，他下意識地避免傷人。由於從小運動，肌肉發達，當摩西斷了奶，入了宮，公主捏一捏摩西的小腿肚子，大聲驚嘆：「小傢伙，你還真結實，好有彈性喔。」

公主預備了塞滿米粒的小球、泥製的撥浪鼓，以及木製的陀螺一干玩具，帶著摩西玩。摩西每一樣都喜歡，公主說：「這可訓練你雙手巧、握力足。」

等到摩西再長大點，放了學之後，公主又帶他玩更有趣的「擲飛鏢」。她先在地上畫了一條線，兩人站在線外邊，然後，她拿起一支帶了羽毛的鏢，「咻」地一擊，不偏不倚，正中靶心。

「好。」摩西用力拍手。

「這下輪到你來試一試。」公主把鏢放在摩西掌上，摩西全力一射，「哇！偏了。」他頗沮喪。

公主笑一笑：「這不能靠蠻力，要有技巧，心要靜，氣要沉，手要穩。」

趁著摩西練飛鏢之時，我們來講一個猶太民族神箭手的故事：在很久以前，有一個少年人，擅長射箭，十支中總有八支射中，很受稱讚。他不滿意，總想：「若能拜名師習藝，我就能百發百中，成為神箭手。」

少年人下定決心，收拾行囊，尋找武林高手，過了許多年，總沒有遇著讓他佩服的奇人。

有一天，少年人走進一片森林，他對風景沒興趣，卻發現有一棵大樹，靶中心插著一支箭，不偏不倚，漂亮！而且射得極深，顯見射手臂力過人。

接著，少年人發現許多大樹上，都有正中靶心的完美傑作，他看呆了，索性躺在地上四下欣賞，幻想自己有一天也能如此。

少年人興奮地吹起口哨，到處尋覓大師，奈何只在此山中，雲深不知處。惆悵下山，忽然之間，眼前一排木樁，全部正中靶心，也是牢牢深入，「噢，莫非大師在此？」

他拉住一位過路的請教：「你知道這穀倉的主人去哪兒嗎？這些了不起的成績，全是他一個人射的嗎？」

那個人眼皮都不抬，不屑地回答：「他人就在屋裡。」

少年人好生氣，此人怎對神射手如此不敬，算了，別理他，少年人心如擂鼓，終於可見到大師了。他惴惴不安地踏入……

他深深一鞠躬，開始自我介紹：「區區在下走訪名師，不料今日得見。」卻用眼角發現屋內凌亂，臭氣逼人，慢慢抬起頭來，只見大師模樣笨拙，呆呆地望著他。

少年人心想，果然真人不露相，大智若愚，他又開始盛讚大師偉大，大師開了口：「這很容易，你先隨便射它一箭，再用顏料畫一個靶。」

少年人：「……」

摩西是個踏實的孩子，他知道作弊是自欺，只有下苦功勤練。在汗水之中，摩西成為十項全能的傑出運動員。

12. 階級決定假髮樣式

「人生不如意，十之八九」，因此有人打趣「常思一二」。但是，還有一種煩惱，不是自己的困難，而是看見別人的痛苦，若非如此，國父孫中山先生大可在海外，安享醫師優渥的生活。

這一種深刻的痛苦，乃是上帝放在人們身上的愛，顯現靈魂的高貴。長在埃及皇宮中的摩西，從小就具有憐恤人的特質。若有人今日赴埃及觀光，居住在尼羅河旁的豪華酒店，高聳拱頂、橢圓門窗、古董躺椅，宮廷廂房，散發神秘富麗，可以讓人遙想當年摩西的超頂級一流享受。怪的是，摩西的注意力在人，特別是值得同情的人。

他還是小朋友的時候，有一回，推了餐車跑過來，公主媽媽嚇壞了，急忙嚷嚷：「孩子，這不是你做的事。」

「嗯，我看凱提（一個太監）今天腳扭傷了。」

「那也是他的事，你要認清你是主子，身分不一樣，你看，每一個人的假髮都不一樣。」

埃及的假髮，還真是一件有趣的事。

現代男女，為了變化造型，或是懶於修整，髮稀頂禿，常會藉著假髮修飾儀容，殊不知古埃及早大大流行，其中頗有文章在。

埃及人多半理光頭，按照西方史學家希羅多德的解釋，如此日曬雨淋，頭殼堅硬，彷彿戴上鋼盔，其實真正的原因是，埃及人愛乾淨，怕頭蝨，而且光頭戴上假髮，特別服貼美觀。

埃及人每天沐浴，塗上乳液，出門擦防曬油，講究的貴族隔幾天就要全身剃毛，祭司白天晚上要洗兩次澡。

還記得約瑟嗎？當他從監牢中被提出來見法老之前，頭一件事，就是把鬍鬚剃乾淨，徹底洗個澡，還要抹上混合著香水草藥的潤膚乳。

著名的埃及豔后——克麗奧佩特拉出現在電影中的造型是特厚劉海、誇張眼影，此乃取材於埃及壁畫，劉海的確可以掩蓋真頭皮與假頭髮之間的破綻。不過，法老有法老的髮型，大臣有大臣的樣子，一望而知。

一直到今天，英國法庭之上，法官也要戴上一頂銀閃閃的鬈曲假髮，格外襯托威嚴。

埃及人企圖用假髮蓋住頭皮，表明階級森嚴，用人的權威凌駕一切。

中國古代社會也有階級，官場尤其講究上下之分。在戲詞之中，我們往往聽到一句話：「給你換頂烏紗帽戴。」原來，每一種官員戴的帽子式樣不一。且莫說一般平民不可擅穿龍袍，就是朝廷官員的服裝顏色也有講究，唐朝人嘲笑傅遊藝馬屁功夫了得，一年之內，武則天讓他換了四種顏色的朝服。以唐朝為例，一品至三品朝服為紫色，四品是深紅色，五品是淺紅色，六品深綠色，七品淺綠色，八品深青色，最末尾的九品淺青色，因此若能「紅得發紫」，表示官運亨通。

當摩西漸漸長大，他開始出宮，學習拜神廟，奉命監督工程，引起他注意的，並不是什麼足足二十公尺高的巨型雕像，而是渺小可憐，滿身髒污的希伯來奴工，那一張張臉，如此苦澀，苦到摩西心底，也開始一陣陣犯苦、想吐。

摩西忍不住回去問公主：「為什麼要這樣虐待人？」

「因為他們是希伯來奴隸。」

「奴隸就不是人嗎？」

公主嘆了一口氣：「我也很同情他們，但是，有什麼辦法？」

「法老不是神嗎？為什麼他們要這樣待人？老師不是教導我們要正義嗎？」

一連串的問題，公主只能安慰摩西：「別想這麼多了，吃飯去吧！」

宮廷裡的宴席是奢華的、重視排場的，單單肉品有牛、有羊，有鵝、鴨、鶴鶉，大廚師手藝精湛，席間有美酒、有音樂、有舞蹈。

最奇特的是，宴會告一段落，一個僕人上了一座銀製的木乃伊，因此必有人嘆息：「唉，人生百年，最後不過一具木乃伊，有什麼意思呢？」

於是，法老下令：「撤去木乃伊吧，我們享樂吧！」

摩西木木然回到寢室，翻來覆去睡不著，希伯來奴隸那苦瓜臉又在他眼前出現，真是好可憐，好讓人同情。

從此，希伯來奴隸佔據他的思想，白天、夜裡，他反覆思考人生的意義，他覺得沉重，他義憤填膺，又不知該如何是好。

他又找公主討論：「小貓死後要製成木乃伊，因為我們捨不得貓。」

「是的。」

「難道這些人的生命還值不得一隻貓嗎？」他氣惱地抓下頭上的假髮，忽然想起，奴隸沒有假髮。

假髮戴在頭上，癢癢的，怪不舒服的，不戴也罷，只是，假髮之下的腦袋瓜，為什麼沒人重視？

摩西真是氣壞了。

13. 誰最能守密？

摩西被埃及公主收養長大。他如何得知自己並非埃及王子，而是希伯來人，關於這一段，《聖經》之中並無記載，只有「後來摩西長大」，一句話草草帶過。

或者，我們不妨倒轉過來探討，若要長久保密，還真是不容易。

先說一段好玩的埃及故事：看看誰最能守密？

從前有一個老實的農人，以栽種葡萄為生，日出而作，日落而息，日子呆板規律。

某日，農人翻土，突然鋤頭頂端，接觸到硬硬的東西，他繼續往下挖，結果發現一個罐子，抱起來沉甸甸的。農人好奇地打開一看，哇！不得了，滿滿的黃金，他趕快用衣服緊緊包住，財不露白，古有明訓。正如同許多人今日中了樂透，連夜急忙搬家。

一向老實的農人這下子慌了，回家的路上，不停盤算，該不該告訴妻子，也讓她樂一樂，又擔心她口風不緊，惹來麻煩。最後，農人想到，埃及一向流行法術，他不如先對妻子來個小測驗。

於是，晚飯過後，農人走來踱去，顯得十分愁煩，一向認為自己比先生聰明的妻子問道：「你怎麼啦？」

「我有一件大事，不知該不該說，又怕妳漏了出去。」

「笑話。」妻子馬上頂了回去：「我這人最能守密。」

「好吧，既然如此。」農人像魔術師一般，舉起手來，向天空旋了三圈，往身後一摸，把握緊的拳頭張開，竟是一個大鴨蛋。

妻子吃驚得說不出話來。

農人說：「妳可別告訴任何人。」第二天早上，農人走出家門上工去了。

妻子憋得受不了，只得爬上屋頂，埃及的一般平房都是方方正正，人們可以不出家門，彼此攀談聊天。妻子招手，隔壁的胖太太過來了。

「我告訴妳一件事，妳可不能走漏風聲。」

胖太太眼睛發亮，充滿興趣，拍胸脯保證：「妳放心。」

「我信任妳，才告訴妳，我先生每早下十個蛋。」說完，下巴一抬，充滿了妻以夫貴的驕傲。

「真有這種事。」

「怎麼沒有，我親眼看見，但是，妳可別對人提起。」

妻子說出秘密，心中舒坦不少，咚咚咚下樓梯。

她才剛走，胖太太趕快跑到瘦太太那兒，告訴她這件天大怪事，不過，十個蛋變成二十個蛋了。

等到農人晚上回家，所有太太都知道，這個男人一天生了二百個蛋，超過任何母鴨的生產力。

因此，當摩西對希伯來奴隸關懷、同情，這件不尋常的事，立刻引起宮女們交頭接耳的討論。

「奇怪，一個好好的王子，為什麼要去看奴隸，一看看個老半天。」

「妳猜是為什麼？」

「還不是因為他就是希伯來人。」

「公主從來沒有懷孕，這是大家都知道的。」

「當時，我也在場啊，公主撿到棄嬰，還好心地叫一個小女奴去找奶媽。」

這些「白頭宮女話當年」的閒聊，早早晚晚終於傳到摩西的耳中。他萬分驚訝，輾轉難眠，他愛他的公主媽媽，但是，摩西也實在想知道自己身世。

有一天，月色皎潔，涼風習習，母子相談甚樂。

摩西突然問了一句：「我是從尼羅河裡被撿來的嗎？」

公主猛然接招，一下愣住了，女人往往守不住秘密，卻也不擅長世故應變，她匆匆回答：「你問這些幹什麼？」

摩西不語，道了晚安，回到寢宮。站在面對尼羅河的陽台，心中升起一個又一個的問號。母親的回答是：「你問這些幹什麼？」而不是斷然的否定。那麼，這是真真確確了。

這一夜，摩西無法安眠。

第二天一早，摩西找到自稱為「親眼目睹」的宮女，逼她說出當時經過。宮女嚇壞了，急著想脫身，對他說：「你去打聽一個叫米利暗的希伯來婦人，讓她告訴你吧！」「她當年住的地方是……」

摩西奔出宮外，前往當地打聽，果然在尼羅河畔，見到一中年婦人，頭髮花白，精神抖擻，用力地在搓洗衣服。

「請問妳是米利暗嗎？」

「我是。」米利暗打量著埃及王子。

「我是摩西。」摩西儒雅地回答。

「天啊！你是摩西，長這麼大了。」

「妳見過我嗎？」

「見過？」米利暗豈止見過，想當初，她怎麼守候在蒲草箱旁，怎麼見到公主，怎麼找了自己親生媽媽當奶媽，往事歷歷，她太激動了，這是她朝思暮想的弟弟啊。

米利暗不知道，她該如何應付場面，她也知道，當姐姐的，絕對忍不住不對摩西說：「我就是你的親姐姐啊！」

米利暗放聲大哭，丟下衣服，邊跑邊哭。

這樣的反應太突兀，但是，也給了摩西一個答案——他原是希伯來人，不是什麼埃及王子。

14. 多彩多姿的大學生活

摩西遇到親生姐姐米利暗，他確定了自己原是希伯來人，他迫切地想去尋根，卻必須把這個秘密封嚴鎖死，表面上若無其事，繼續當他的埃及王子。

青年時期的摩西，根據史家的研究，極可能是在太陽神廟附近的大學就讀，那兒有「古埃及的牛津」之美譽，無論文學、數學、建築、化學、天文，樣樣頂尖。

牛津大學之所以成為世界名校，在於師資，更在於學生素質優秀。摩西的同學更是不簡單，個個有來頭，他們多半是鄰近附庸國的王子。

新王朝的杜得摩西三世，曾經下令：「為求長治久安，各國王子一律帶回底比斯宮殿，接受埃及教育，成長之後再歸國治理。」

中國古代戰國七雄並列之時，秦國也曾經如此而行，擄附庸國的王子為人質，威脅國君切莫輕舉妄動。王子們在埃及宮中享受十星級的優渥生活，自然而然一切埃及化。正如同我們的留美學生親美、留日學生親日，留華的外國人也親華一般，此之謂薰陶是也。

摩西喜歡學習，追求真理，他每天上學時，埃及大學入口處有兩根巨大的圓柱，稱之為克麗奧佩脫方尖碑。現今這兩根圓柱一根保存在英國泰晤士河旁，一根在羅馬，提供遊客發懷古之幽情也。

中國古代的才子，除了會讀書，還講究琴棋書畫，埃及人同樣講究風雅。摩西喜歡下棋，下棋可以訓練腦力及耐性，埃及壁畫之中有法老與人對弈的畫面。埃及棋盤長方形，棋子分黑白二色，彷彿圍棋，也像跳棋，同學之間，經常捉對廝殺。

埃及人特別擅長於音樂。我們經常看到的希臘圖畫中的豎琴，其實是埃及人傳給他們的。埃及人使用長笛、單管、鈴、鐃鈸，彷彿現代交響樂一般，並且有了指揮。摩西也愛音樂，甚且會作曲。

但是，在這些日常生活之中，即使在最美的音樂、精采的舞蹈，甚且老師授課之時，突然之間，一陣哀愁侵襲過來，不對，他不屬於這裡。更重要的是，他對於希伯來奴隸有一分責任感，一種說不出來的內疚與虧欠。

摩西的母親是了解他的，只是捨不得摩西太苦，當摩西不小心露出煩躁不安，或是眉頭緊皺之時，公主總會婉言相勸：「想開一點吧，聽聽音樂解悶吧！」

若是現代人看到摩西的愁腸，恐怕要說他是憂鬱症，或者打趣：「好好的埃及王子不懂得吃喝享樂，沒事老想奴隸，莫不是該看神經內科醫生。」

憂愁是表相，為了什麼憂愁，只有上帝才明白，宋朝范仲淹所謂的：「先天下之憂而憂，後天下之樂而樂。」這一分胸襟與慈悲，不是遊戲人間，一路笑到底的人所能體會的。

摩西想要匡救天下，他得學的還多著呢！

在中國古代，創業帝王的後代多半不成材，因為王子沒有同學，缺乏競爭。老師不能管教，所以平劇之中才有「打龍袍」（只能打皇帝的衣服意思一下）。

摩西有許多王子同學，這是好的，可以彼此切磋。然而富二代之中，自不免有粗魯的、無禮的，甚且兇惡的、討厭的，摩西是個有教養的彬彬君子，他努力學習忍耐，適應團體生活。

中國古代教育之中有六藝：「禮、樂、射、御、書、數」，射是射箭，御是騎馬。埃及教育之中，同樣文武並重，埃及人會打仗，與他們的兵器精良大有關係。

埃及人的武器多多，有鏢槍、劍、斧等等，還有半個人高的盾，想像一下，摩西英姿煥發，頭頂鋼盔，身披鎧甲，站在喜克索斯人發明的戰車之上，一揮鞭，長嘯而過。

真是帥！

摩西是文藝青年，也是赳赳戰士，他平日用沙袋舉重，鍛鍊臂肌，他可以用一隻手，把沉重沙袋扔向空中，再用另一隻手接住。

先天稟賦，加上後天訓練，摩西練成了手刀功夫，他可以劈磚，快速凌厲。他還擅長摔角，兩人面對面相向，互相抓住對方身體絆倒。

由於摩西樣樣領先，自然招嫉，他是一個很謙和、內斂、低調的人，不希望讓旁人有挫折感，卻又不能不全力以赴，他不曉得該如何一方面努力，一方面不要惹來妒恨。

年輕的摩西不知道，此乃每一個成功者必須面對的困難，無人可以豁免。

有一回，在路上，一個班上的同學，綽號小酋長的橫在路上，挑釁地說：「再來一場摔角吧。」

摩西知道，小酋長一向看他不順眼，他盡量隱忍。這一回躲不過了。

小酋長發瘋似的撲了上來，拳打腳踢一起來，完全沒有摔角的規矩，口中不停罵著：「你為什麼長這麼傻？為什麼功課這樣好，為什麼是埃及王子？」

摩西就由著他打，摩西身體結實，打到後來，小酋長累了，走了。

回到宮中，全身血跡斑斑，又紫又紅，公主看著心疼，而且好生奇怪：「我的兒子打不過人家嗎？」

「因為我一出手，他必死無疑。」摩西無奈地回答。

「摩西，我的摩西，你心腸太軟了，會吃虧的。」公主體認到摩西不忍傷人的深沉與厚道，她不知該喜該悲了。

15. 扔掉金湯匙

摩西擁有一身好功夫，卻從來沒有打架的經驗，區區小酋長的挑釁，摩西就站著任由他捶打。

摩西的身上瘀青疼痛，這一點皮肉之傷，算不得什麼，但是，他感到憤怒、不平與屈辱，而且不明白，為什麼世界上有人要欺負人。

他是埃及王子，不是普通貴族，在宮中一呼眾諾，向來只有他管教奴婢的資格（雖然他總是溫良恭儉讓），何曾有人對他大聲說話。

出色的外型，加上優異的表現，摩西習慣到處受到歡迎，無論法老、公主、老師、同學，大家都喜歡摩西，若是在今日，肯定是人們爭相合影的偶像。

這一回莫名其妙地挨打，讓他認識到，世界上真的有邪惡存在，而且在小酋長不斷揮拳之時，摩西忽然體會到：啊，希伯來同胞平日就是無止境地「刑罰中」。

他忍不住深深地嘆息。

公主進來了，她關心，她擔心，她捨不得。美麗的臉龐扭曲著，摩西望著這一位不是親生媽媽，卻付出全部真情的養母，覺得好溫暖。

「摩西乖乖，好好休息。對了，你千萬別再為那些奴隸擔憂，不要鑽牛角尖，知道嗎？」公主叮嚀著。

摩西覺得好笑，媽媽就是媽媽，他現在是彪形壯漢，不是小寶貝，相形之下，公主媽媽顯得異常嬌小。

公主愛憐地摸著摩西的臉龐，撫平他的頭髮，摩西也就乖順地讓著母親。同時，他心裡暗暗下了決定，有一天，他會尋根，但是眼前，摩西不忍心讓養母擔憂。

從此，摩西成了陽光青年，永遠看起來歡笑開朗，本來，人們從外表觀察，摩西乃天之驕子也，天下所有好處他全包下。

法老也欣賞摩西，風度翩翩，談吐不凡，而且具有軍事長才。

有一回，衣索匹亞人進攻埃及，孟斐斯都岌岌可危，法老求問埃及神，神竟託巫師告知：「派摩西去。」

法老問摩西：「你能擔負這個重任嗎？」

摩西溫和且堅定地回答：「全力以赴。」

根據史家約瑟夫的考證，摩西率領大軍，英勇善戰，速戰速決，衣索匹亞潰不成軍。

捷報傳來，法老大樂，公主雀躍，法老頗有意思，未來讓摩西繼承王位。

摩西光芒四射，走到之處，人人以仰望英雄的姿態，想要一睹廬山真面目。另外一方面，摩西內心憤世嫉俗，他覺得埃及皇宮富麗的背後，沒有正義，沒有公平，他痛恨奴隸制度。摩西經常半夜坐直，自言自語：「並不是我身為希伯來人，才為希伯來人叫屈，如果希伯來人這樣虐待埃及人，我也一樣認為不對，不對，就是不對。」

摩西不知道他能做什麼，但是，他不能坐視不管，多多少少總要盡一點力量，否則，人活在世界上，有什麼意義？

或者，俄國文豪托爾斯泰的生平，可以讓人們略略了解摩西的心情吧！摩西是西元前十三世紀左右的人物，托爾斯泰則是十九世紀末二十世紀初（一八二八—一九一〇）的世界文學家，他所著的《戰爭與和平》、《安娜．卡列尼娜》膾炙人口。托爾斯泰是貴族、大地主，卻異常關心農人，努力改革農地生產方式，教導農人識字。生活簡樸，穿農人裝。他功成名就，卻想放棄財產，捐給農民。八十二歲時為此離家出走，死於小鎮車站。他的墓地乃世界上最受景仰的墓地之一。

托爾斯泰在《復活》這長篇小說之中，描述了法律無效，處處冤獄，只有藉著上帝的愛，帶來力量，尋求正義公理。

上帝造人的時候，已經把聖靈放在人的心中，此之謂天良，摩西特別善良、靈敏，正是上帝所要使用的器皿。這時候的摩西，還不認識上帝、聖靈的催逼，卻讓他在錦衣玉食之中，感到痛苦與掙扎。

摩西漸漸長大，二十歲、三十歲，轉眼到了四十歲，有一天，攬鏡自照：「天啊，我長了白頭髮。」

這一驚非同小可，人生歲月，蹉跎至今，希伯來的奴隸，仍然是奴隸，希伯來人天天在求他們的神，神為什麼還不快點來拯救他們，真是急死人。

孔子說四十而不惑，四十歲是人生的分水嶺，不再是血氣方剛的小伙子，對人生事務，開始有了新的看法。

「好吧，就算我不能為同胞做些什麼，我總可以離開王室跟他們在一起吧！」

摩西下了一個鄭重且莊嚴的決定。

有人說，此時摩西的養母已經去世，所以摩西可以勇敢往前走。此事不可考，無論如何，捨棄王子身分、榮華富貴，離開從小熟悉的環境、博學精英的同儕，投入奴隸群中，那是困難的抉擇。

摩西卻是想清楚了，他要扔掉金湯匙，迎向風風雨雨，涉不可知的艱辛前程。

16. 化作春泥更護花

清朝龔自珍有一句名詩：「落紅不是無情物，化作春泥更護花。」形容一個人深情款款，即使成為一攤爛泥，仍然癡心不改守護著花朵。

摩西是個重感情的人，自從知道一己身世之後，他對希伯來奴隸，產生了一種骨肉親情。不但時常去看望，回到皇宮之中，在陽台踮著腳，希望能夠遙望他們。

當然摩西是看不到的。世界各大城市之中，富豪區永遠望不見貧民區，以免妨礙觀瞻。但是，無論白天、夜晚總是有一張一張被欺壓的、醜陋的、骯髒的、滿臉泥巴的臉孔在摩西眼前出現。

「不可以，不可以，我不能這麼自私，安享王子優渥的生活。」摩西心中吶喊著，他絕對不能裝著沒有看到，繼續舒舒服服過日子。

四十歲的摩西，心中盤算，總有一天，他會亮出身分。當然他不可能登報脫離母子關係，昭告天下「摩西不再是法老女兒的兒子」。那個時候還沒有報紙，他也不會對養母如此絕情。再說，摩西並不恨埃及人，他生於斯，長於斯，埃及給了他最好的教養，他也遇到了許多友善飽學的師長同學，他只是不滿意奴隸制度，尤其是大規模的虐奴。

「真是慘無人道。」摩西一直一直嚥不下這口氣。

有一天，摩西又去觀看希伯來奴隸，觀看、觀看，永遠是看了又看，看一回，冒一次火，可他也不知道，除了看看，他還能怎樣。

今天是新的神廟開工的日子，許多奴工，七手八腳把巨型磚頭卸下車來。其中有一個老頭兒，傴著背，顯然是生了病，不斷地咳嗽，似乎隨時會倒下。

監工走過來，不耐煩地道：「又是你，每次行動最慢，我來幫你添加點力量。」說著，鞭子一揮，老奴隸膝蓋一軟，背上滲出鮮血。

「神啊，希伯來的神啊，求祢讓我死。」老奴隸哀求著，旁邊的奴工，有人木然望了他一眼，監工大聲喝斥：「我也希望你早死，免得耽誤進度，討厭的老不死。」

摩西忍了又忍，實在看不下去，他走過來，客客氣氣對監工說：「老人家生病了，你就讓他暫時休息一下吧。」

摩西身穿便服，監工顯然不知道他是王子，突起眼睛，飛著腳踢了摩西一記屁股：「多管閒事，走開！」

監工大腳一踢，覺得不過癮，好像足球選手練球一般，他又順勢使出連環腿，有的奴工胸前遭襲，有的背後狠狠挨了一腳，個個哀哀喊痛，卻也都不敢延誤工作，一拐一拐向前走遠了。

監工雙手環抱，望著奴工背影，嘴裡嘰哩咕嚕罵個不停。

摩西忍住氣，上前一鞠躬：「剛才那位老人家，真是病了，就請你寬待他一些好嗎？」

「喔，你還在這裡？」監工一回頭，揮起拳頭，對準摩西腦袋「哐哐哐」敲了三下。

「老人家真的是該休息了。」摩西又補了一句。

奴隸沒有休假、沒有退休、沒有工資，一向只有做到死。摩西仍然想為長輩求情。

「找死！」

監工拾起在地上的皮鞭，朝摩西揮來。

摩西看著染血的皮鞭，心想：「這條皮鞭飲過了多少鮮血？」心中一陣厭惡，一伸手，皮鞭就被摩西奪了過來，扔得老遠。

「喔，你還有個兩下子啊！」監工大怒，雙手緊緊握住摩西的脖子，準備把摩西掐死。

摩西舉起強壯的、角力冠軍的手臂，稍一用力，監工的手就鬆開了。監工抱緊摩西，想要扭打一番。一向忍讓、忍讓，再忍讓的摩西憋不住了，油然而生除暴安良的使命感，他得要小小地教訓監工一下。

現代機場為了安全起見，旅客進出要搜身，查看有沒有攜帶武器，其實有一種工具是查不出來的，就是手腳四肢。

摩西具備特種部隊的身手，所以他平日盡量克制，這一會兒，蘊藏幾十年壓抑的能量爆發了，他用手肘勾住監工的脖子，稍微使一點勁兒……

奇怪，不斷口出狂言的監工沒聲音了，摩西再摸一摸他的鼻孔，啊，竟然沒氣了，摩西失手殺了人了，兇猛暴虐的監工，竟然如此不堪一擊。

此時，天色昏暗，四下無人。摩西慌張地把死屍拖開，用手不斷扒開沙土。按埃及三角洲一帶，除了靠近尼羅河地方有泥土草木之外，其他地區不下雨，全是沙，因此屍體迅速掩埋，大地又恢復一片荒漠，摩西心裡想的是，他要伸張正義。

摩西一面走，一面望著自己的「手刀」，有著複雜的情緒。

在《新約聖經》之中，耶穌被捕之時，大弟子彼得一怒之下，削了羅馬士兵一個耳朵，有神力的耶穌立刻讓耳朵復原，並且告誡彼得：「收刀入鞘吧，動刀的必死於刀下。」

刀一定是不能用的嗎？還是像清朝袁牧〈詠刀詩〉中所言：「他年用刀日，含笑讓君猜。」

上帝睜著大眼睛，注視著摩西，冥冥之中，帶領他追尋真理。

17. 鐵肩擔道義

當一個人戀愛之時，它是如此吸食生命，以至於他對任何事不再感到興趣。

摩西正是如此，所不同的是，他並非與某一女子相戀，而是深深被希伯來奴隸所吸引，這一群一言不發、心懷驚恐的靈魂。而且，摩西還是單相思，他不認識任何一個希伯來人。

但是，這一天，因為拯救一位老奴，摩西竟然失手打死了埃及監工，他把屍體埋入沙坑之中，料想應該沒有人看到。

晚上，摩西躺在床上，心臟彷彿要從喉嚨中跳出來，猛然之間，淚水像是水龍頭一下開到最大，摩西整個袖子濕透了。

摩西從小不是暴躁的孩子，他比任何人都溫柔細膩，怎會動用私刑？

摩西實在不知道，他一出手，監工斃命。或者，他要眼睜睜看著老奴受虐而死。

他又想到，希伯來人總是卑微地合十禱告，希望神來搭救，如果真有此神，這群奴隸已經等了四百年，神在哪裡？真是急死人了。這樣看來，他也是替天行道了。

還有，那個仗勢欺人的監工，平日不曉得整過多少希伯來奴隸，摩西也算除掉一害。那些可憐的，毫無還手能力，遍體鱗傷的同胞可能會感謝自己，不知名的隱形英雄吧。

摩西馬上又放下飄飄然的成就感，他只是同情奴隸，心甘情願拔刀相助，從來不是貪圖感激的。埃及帝國如此之大，他站在神廟圓柱下如此渺小，蚍蜉豈可撼樹，企圖廢奴，他又豈可什麼事都不做，呆呆當一個飽食終日的埃及王子？

如此翻來覆去折騰一夜，滿眼紅絲爬起來，摩西又忍不住想當糾察隊，他還是要去看奴隸。

「來，你來告訴我，你身上為什麼沒有長毛？」

遠遠地，摩西就聽到一個希伯來壯漢在怒吼，另一個矮個兒希伯來奴隸在聽訓挨罵。

古埃及人慣於把頭髮鬍鬚剃光，史學家希羅多德說過，如果誰不小心忘記剃光，會被羞辱嘲笑，留著小鬍子，等於宣告自己是下流人。如果是祭司，更三天得刮一次毛，希伯來奴隸全身毛茸茸，更讓埃及人看不起。

這位彪形壯漢，身上的毛特別濃密，平日也許是被埃及監工訕笑，因此轉身去欺負比自己更弱小的。

「你看，我的毛這麼長，是個男子漢。」壯漢說著對自己手臂吹氣，長長濃毛就飛了起來。他得意地一笑，像拎小雞一般，揪著矮個兒脖子嗤笑：「你為何學埃及人剃毛？」

那瘦小的矮個兒，臉色發白，嘴唇是灰色的，害怕得不斷地抽咽著。

壯漢用力一推，矮個兒往後一倒，「啊」一聲叫了出來。

「你們聽，這小子還是女人一般的娃娃音。」壯漢繼續嘲笑著。旁邊圍觀者也都吃吃地笑，似乎在繁重的奴工生活之中，難得出現解悶遊戲。

可憐的矮個兒，嚇得不敢呼痛，他那受傷的眼神，就像一隻被鞭打的狗，卻不曉得自己做錯了什麼。

矮個兒勉強站了起來，手裡還捧著做磚的草。

「咦？」壯漢猛地一抬毛毛腿，矮個兒向前絆倒，上排牙齒斷落，可能是嵌入下嘴唇之中，鮮血不斷滴下，這一回他也被激怒了，拚起全身力量，往壯漢衝上去，眼看著一枚雞蛋，不顧死活，準備在石頭上被砸爛。

摩西捏緊拳頭，告訴自己：「絕對不要再用蠻力。」他深深吸一口氣，站在壯漢面前，以紳士彬彬有禮的風度，欠身微笑道：「何必打自己同族的人呢？」

壯漢一抬頭，望著兩腳站立，方方正正，身材俊美，肌肉明顯突出，鋼鐵一般，頭型很美，全身沒有毛，是個貴族的富有統治階級，還有，最重要的是，他是埃及王子，不過，呸！是個假埃及王子，壯漢認得摩西。

因此，壯漢冷冷道：「這倒奇怪了，誰立了你做我們的首領和審判官呢？」

摩西一愣，難道壯漢知道他是希伯來人嗎？如果知道，應該有同族之愛啊，怎麼如此冷蔑。

壯漢又接著不屑道：「難道，你想要殺我，就像你昨天殺了那個埃及人嗎？」

這一下子摩西完全呆住，東窗事發了，他頭昏腦脹，失魂落魄離開現場，腳也軟了。

「嗨，你不是摩西嗎？」

走在路上，有人呼喚摩西的名，摩西抬頭一看，原來是他的同學，一個小學弟。

學弟說：「摩西，你怎麼像是喪家犬，我聽說，法老要追殺你，因為你殺了埃及監工，還有，你是個希伯來人，教唆希伯來奴隸反抗，摩西，你什麼時候變希伯來人的啊？」

學弟的一番話，摩西全身似乎著了火，他拔腿就飛奔，不知該逃向何方，他以文武全才自負，勇敢地準備「鐵肩擔道義」大大幹一場，怎麼落到想救人卻成了殺人犯？太荒唐了。

這時的摩西還不明瞭「不是倚靠努力，不是倚靠才能，乃是倚靠神的靈，方能成事。」他只是慨嘆，鐵肩倒成了鐵屑般不堪。

18. 七仙女

提到摩西出埃及，許多人第一個聯想，就是摩西恨惡埃及人，不是的，摩西並非討厭埃及人，而是無法接受「欺負人」。神愛世人，當然也包括埃及人。

所以，毆打希伯來奴隸，摩西要插手，希伯來奴工欺負同族弱小的，摩西也無法坐視。兩件閒事攬下來的結果，就是高高在上的王子，成為被通緝的亡命之徒。

摩西一面快速逃命，一面自行反省，這件事錯了，如果他失手殺了監工真能救了老奴，倒也值得，慘的是，第二天，會不會換上更兇惡的監工？正如同「捨身餵虎」確是慷慨犧牲，問題是，到了第二天，老虎又餓了，還是要吃人。

摩西跑著，喘著，累呼呼來到了米甸地方，米甸在今天巴勒斯坦南部阿卡巴灣以東的沙漠地帶。

米甸人的祖先也是亞伯拉罕，亞伯拉罕晚年，在撒拉死後，又娶了一妻，名叫基土拉，因此米甸人與以色列人有血統關係。

炎日烈烈，摩西喉嚨乾渴，彷彿要虛脫了。突然他發現一口井，有希望了。但是兩手空空沒有水桶，沒有繩子，除非跳井，否則只能望井止渴。

摩西看到一棵樹，終於有樹蔭了，他坐下來打個盹。

突然間，咩咩的羊聲與吱吱喳喳的女聲出現，摩西警覺地坐直身體，他看到一、二、三、四，一共七個健美的女子，俐落地用羊皮小桶打水，羊群也快速集合在水槽邊。此刻的摩西很羨慕能喝到水的羊。

「嘩」的一聲，不知從哪兒突然閃出一群男子，膽小的羊隻四處逃竄，其中一個大鬍子把水桶藏在身後，對著個兒最高的女子涎笑道：「來，親一個就還妳。」

另一女子看著生氣，拿著棍子，要敲大鬍子的頭，於是四個大男人與七名女子就打起群仗，然而老弱婦孺畢竟是老弱婦孺，女人與男人打架總是吃虧的。

這時，原該屬於中暑狀態的摩西，正義感之心怦然發動，用花豹般的速度，一腳踢翻大鬍子手上的水桶，奪過大鬍子手上的木棍，木棍霎時成為槍矛，「啪啪啪」把其他三人的木棍擊倒，其中一木棍竟斷成兩截，應聲而倒。摩西領了上次的教訓，處處小心，手下留情，不敢拿出海軍陸戰隊般的本事，惟恐再致人於死，但是，就憑這一小段目不暇給的真功夫，四個小混混望著被劈成兩半的木棍，擔心自己的手臂被折斷，立刻撤退。

摩西乾脆好人做到底，他拿起水桶，身手矯健地迅速打水，水桶之中裝滿了水，一隻一隻羊又愉快地靠攏，幸福地喝水。

等到羊喝飽了，摩西才禮貌地問女子們：「可以把水桶借給我嗎？」方才被騷擾的高䠷女子笑咯咯道：「當然可以，謝謝你的及時相助。」這女子濃眉大眼，裹了頭巾，皮膚曬得黑黑的，外向、健美且爽朗。

摩西渴壞了，當他捧起大水桶，喝個過癮之時，那一種清甜可口，比埃及任何美酒還要舒適。

「對了，埃及人，你叫什麼名字？」

「我叫摩西，我不是埃及人。」七個女子一起打量摩西，摩西感到難為情，他原不是想英雄救美取悅婦女，他只是天生看不慣欺負人的事，女子們拿起水桶，迅速地跑走了。

摩西又坐回樹下，水是喝夠了，但是，他餓了。

摩西從小生長的埃及皇宮，天天山珍海味，僕人惟恐伺候不周，從來沒有嚐過飢餓的滋味，這一會兒，肚皮發出咕咕聲，他是餓了。

摩西口袋裡一個銅板也沒有，皇宮之中不需掏錢。米甸曠野，有錢也買不到東西，沒有商店，沒有旅舍，什麼都沒有。天色漸漸黑濃，摩西縮一縮身子，感到心涼如水。

另一方面，七個女子興奮地回家，笑個不停向父親葉特羅報告經過，繪聲繪影地把英雄救美的情形，一五一十敘述完畢。

「那麼，這位英雄現在在哪兒呢？怕是餓壞了。」到底是老人家，思慮周密。

「還不趕快去請。」

老爸爸一聲令下，七位女子又急急出了帳篷。

中國民間故事中，流傳一位董永，是個孝子，家貧，無力葬父，哭哭啼啼要賣身為奴，感動了七位仙女下凡相救，其中最美的一位，還與董永成親生子。

摩西正一籌莫展之時，他生命中七位仙女出現眼前。

「父親要邀你回家吃飯，謝謝英雄。」那位長腿姐姐嫣然一笑。

摩西心中苦笑：「我現在只是狗熊。」

摩西自小就因俊美，被公主收養為子。女子向來擋不住帥男的魅力，七位女子一路上吃吃地笑，咯咯地笑，迷迷地笑，把摩西迎了回去。

在熊熊火光之中，摩西見到了葉特羅，白鬚飄飄，慈祥和藹，大手一揮：「歡迎。」

於是，摩西像一個飢餓的窮小孩，看到了聖誕老公公。

19. 小鳥依人　深情款款

「好香啊！」摩西用力地吸了一口氣。

摩西見義勇為，失手殺了一名埃及監工，逃到曠野，由於擊敗惡漢，救了七位姐妹，被迎到家中當嘉賓。

多日未曾進食的摩西，嗅到陣陣肉香，這才發覺，自己的確是餓壞了。

在橘紅色的營火光之中，出現一位銀髮閃爍的老者，張開雙臂，給了摩西一個大大的擁抱：「歡迎來到寒舍。」

比起如摩天大樓般的皇宮，老者的寒舍還真是寒酸。這絕不是我們平常露營郊遊的帳篷，而是貧窮的羊皮帳篷斑斑駁駁，顏色深淺不一，這是因為他們積存了一年的山羊毛，製成一塊新棚布，用來修補最破爛的棚頂，被拆下來的老布，就成為側簾，因此整個看起來，彷彿補靪拼湊在一起。

然而，對於亡命天涯的摩西，這一切，溫暖得要命。

老者自我介紹：「我是葉特羅，米甸地方祭司，謝謝你今天搭救了我的女兒們。」

「哪裡。」摩西欠身微笑著。

「來。」葉特羅拉起摩西的手，脫下鞋，盤起腳來，坐在營火前的地毯上，摩西也學著這麼坐下來。

這時，七個姐妹中的一個，端出一盤烤肉，還有大麥餅。他們平日很節儉，貴客來臨，這才破例宰了一隻羊。

「你一定餓了，嚐嚐我家的拿手菜，裡面放了特殊的香料。」

葉特羅露出一個老爸爸的微笑，慈愛地望著摩西。

葉特羅是族長祭司的尊稱，並不是他的名字，他還有一個稱呼叫流珥，意思是神的朋友。葉特羅人生閱歷豐富，極有智慧，他端詳眼前的摩西，有說不出的好感。

摩西是個奇特的混合，若只看臉龐，英俊斯文，是個典型學者，若論身材，則是高大挺拔，似乎是在健身房練過肌肉的運動員，舉手投足，處處表現教養。

「你是埃及人？」葉特羅問道，因為摩西一看就是不折不扣的埃及貴族。

「嗯，不是，我是希伯來人，在埃及待過。」

葉特羅笑笑不再追問。男人會為朋友兩肋插刀，卻不輕易透露心事，葉特羅自己也是如此。

簡陋的帳篷，突然來個貴賓，眾姐妹都是興奮不已，完全不再是拿著棍子趕惡漢的娘子軍，個個嬌柔起來。

這時，摩西幫忙解圍的長腿姐姐過來，遞水給摩西，對著摩西燦爛一笑。摩西突然呆住了，直直地望著她，連水也忘了拿，過了半天，回過神，報以親切熟悉的笑容。

啊，摩西已經好久沒有笑過了。

葉特羅是何等精明的長者，他拍拍摩西的肩膀，「就委屈你住下吧，無論多久。」

於是，摩西住下來了，一天、兩天……沒多久，葉特羅就單刀直入地說：「你與西坡拉，我的寶貝女兒成親吧，也免得我每個女兒都魂不守舍。」

就這樣，摩西舉行了一個草原的婚禮，沒有請柬，沒有鋪張的宴席，倒是在哈洗錄附近，另外八個米甸家族都到齊了，大家都想看看葉特羅的乘龍快婿。

婚禮是極其簡樸，卻是溫馨隆重。

葉特羅以祭司的身分，親自為女兒、女婿主持婚禮。

「摩西、西坡拉，願我們的神大大賜福給你們，你們永遠相愛，永遠不分離。」

葉特羅的聲音宏亮、渾厚，在黑沉沉的夜色中響起，似乎這不是人的祝福，而是來自神的祝福。葉特羅信仰的神正是希伯來的神，葉特羅告訴摩西：「這也是創造宇宙的神。」（當然，也有部分學者認為，葉特羅不是信仰上帝。）

老丈人把女兒交到摩西手上，對他說：「西坡拉的意思是小鳥，她從小就是一隻快樂的小鳥。」「根據我們沙漠中的習俗，未來的七天，你們新郎新娘不用工作。算是蜜月吧！」

新娘子西坡拉真是樂翻了，不斷以手掩嘴讚嘆：「噢，噢，天啊！天上竟然掉下這麼一個白馬王子，又俊又帥又斯文又勇敢。」她習慣稱呼摩西為「我的英雄」，雖然摩西身無分文，兩手空空，沒有一隻羊。

「好了，現在我們去打水，就別怕壞人騷擾了。」

西坡拉一直記得當時的英雄救美，唸個不停。她濃眉大眼，頭髮又厚又密，多且亮，身上有一種歡愉的氣氛，跑起來很快，笑起來很大聲，熱情奔放，既野蠻又溫柔。

摩西在皇宮中，見識過多樣美女，他的心思在想念奴隸，無暇分心，眼前的西坡拉，是完全不一樣的女子，常常孤獨寂寞的摩西，倒是得到了一種母性的安慰。

「你會不會牧羊？」西坡拉好奇地問。

「不會。」

「會不會搭帳篷？」

「不會。」摩西老實地回答。

「沒關係，我都會，可以教你。」西坡拉把頭抵在摩西肩膀上，摩西覺得有點癢，也很舒服。其實，西坡拉在女人之中，算是健壯強悍的，但是與高大魁梧的摩西在一塊，那真是小鳥依人，琴瑟和鳴。

有許多女人誤以為「結婚以後改由妻子追先生」，因為男人的心是漂泊不定的，不時會有競爭者冒出來乘虛而入，但是上帝的意思是女子要敬重男子，先生要疼愛妻子，互相追求。

西坡拉家中有其他六個姐妹，個個對摩西有好感，不時投來仰慕愛戀的眼神。摩西畢竟是摩西，他對誰一律以禮相待，表情端嚴，藹然可親。但是，任誰也不會企圖別有他意，無論在任何景況之下，摩西乃有尊嚴摩西也。

20. 夢裡不知身是客

在中東地方，經常買一件新襯衫，比起洗一件還要划算，因為水資源寶貴。但是，埃及就不一樣了，若有觀光客今日遊覽埃及，當會訝異尼羅河的水優美清澈，兩旁樹木青翠蓬勃。

因此，當摩西還是埃及王子之時，躺在如游泳池般大豪華浴缸之中，兩旁僕人侍立，該是何等愜意。若是他願意，與祭司一般，一天洗三次澡，也是可以的。

摩西想要救希伯來奴隸，壯志未酬，成為米甸祭司葉特羅的女婿。中年轉型，極其辛苦。摩西向來喜歡簡樸，但是，從宮廷到沙漠，還是有太多要適應。

他與妻子西坡拉七天蜜月期間，其實是另一種新生訓練，摩西要從一個樣樣不需要自己動手的貴族，成為凡事都得親手操作的牧人。

摩西本來就不想再當假埃及人，他換上了當地居民的統一服裝。

西坡拉很興奮地，當寶貝一般給了摩西一件衣服。

摩西接過來看，這是一件深褐色，用山羊毛織成的大外套，有著白色的直條花紋，厚厚的，粗粗的，稱為外衣。

西坡拉先為摩西換上一件裡衣，並且幫他繫上腰帶，對他說：「看到沒有，這樣腰間可以插刀，走起路來有精神。」

摩西穿上了外衣，西坡拉笑著說：「挺合身的，這樣，你白天有外衣，晚上還可以當作蓋被使用，多好。」

摩西這才明白，原來牧羊人的「制服」是有道理的。

「可是，天氣很熱的時候，也穿這一件？」

「當然。」西坡拉解釋：「別忘了，太陽一下山，沙漠冷颼颼，萬一遇著風暴，還可以遮雨。」

他驚奇地發現，牧羊人抗暑耐寒，日頭炎炎，披著羊毛衣服，得要有不中暑不昏倒的本事。這件寶貝衣服，與羊毛羊糞不斷接觸，發出奇怪的味道，再加上羊本身具有的羊臊氣，混合成為令人作嘔的臭氣大衣，晚上還要蓋上睡覺。

更可怕的是，衣服只有一件，不論春夏秋冬。人與羊也幾乎從來不洗澡，能洗個腳便不錯的了。髒啊！

西坡拉指著自己身上的衣服，笑著對摩西說：「你看，我的也與你差不多，只是裡衣比較長。」「而且，這外衣多緊密，兜起來可以裝東西。」

摩西望著西坡拉，打量他倆的「情侶裝」，看到新婚妻子一臉滿足自得其樂，覺得富裕的有趣表情，也跟著微笑：「快教我一些其他事情吧！」他摟一摟西坡拉，學習苦中作樂。

七天假期到了，摩西迫不及待地加入工作行列，他一向認真，不想淪為吃閒飯的。

摩西如童子軍一般，學習搭帳篷。這種山羊毛帳篷，質料極其粗糙，摩西不熟練地把繩索繫在木橛子上，準備釘進地裡頭，他拿起一個像榔頭地，「咯」一敲，恰好命中自己的大指頭，鮮血直冒。

西坡拉一見新郎出血，「啊」一聲喊著，跑過來幫忙，口裡不斷唸著：「這不是你會做的事，你就少做，進去休息。」

摩西被她一吼，心一慌，手一鬆，糟糕，整個帳篷給掀下來了。

摩西跌倒在地，自尊心大受打擊。

好一個摩西，從小是天才兒童，文學、哲學、數學、建築、音樂、軍事樣樣傑出，結了婚以後，樣樣拙手笨腳，顯現低能，常惹得西坡拉姐妹吃吃笑個不停，他感到自卑。

幸而摩西有頭腦，有體力，他重新開始，一切歸零，樣樣得學習，尤其是內心要學習，摩西始終微笑著。許多男人，去外面為了工作，不得不討好逢迎，回到家，笑累了，臉就垮下來。摩西是個體貼的人，為著對方，摩西刻意謙和，拿出真正好教養。

漸漸地，摩西一切上手了，偶爾，他望著羊群，對著天，眉頭緊攏。

西坡拉靠過來，問著：「你在想什麼？」

「沒有，只是發呆。」

「說吧。」

「我想希伯來奴隸，我忘不了他們。」

西坡拉拍拍摩西的手：「我的善良先生，你是個好人。」

在荒涼曠野之中，摩西自然有無限感慨。

在中國五代南唐，有一李後主李煜是文學大師，擅詩詞，也是王子出身，後來成為亡國之君，被宋太祖擄到汴京，傷心失意寫下：「問君能有幾多愁，恰似一江春水向東流。」

摩西不是貪圖雕欄玉砌，留戀三千粉黛，李後主寫「小樓昨夜又東風」，摩西連個破房子都沒有，更沒有「羅衾不耐五更寒」，他只有一件破外套。但是，曾為王子，他同樣有「夢裡不知身是客」的無奈。李後主文采非凡，摩西也常有詩心奔騰。

在《聖經》中記載著摩西的詩。

「小鳥，我們不會永遠留在沙漠。」摩西若有所思地說。

「嘿，我們很快有一隻小小鳥了。」

摩西站起來，也小心地把西坡拉攙了起來。「真的？」

「真的。」

西坡拉不久之後，順利產子，摩西起名為「革舜」，意思是沙漠過客。

摩西相信，他的人生絕不止於此。

21. 品格就是力量

摩西的妻子西坡拉，生了一個小男嬰，取名為革舜，由於父母都是孔武有力，小傢伙生得虎頭虎腦，哭聲雄壯，響徹雲霄。

摩西夫婦，就像所有的新手父母一樣，手忙腳亂迎接新生活。

摩西一邊同時摟著西坡拉，以及西坡拉懷中的小娃娃，一邊嘆息：「妳知道嗎？如果我們現在在埃及，我們的兒子長大就是奴隸。」

「好了，別再想那麼多了。」西坡拉現在明白，她嫁了一個憂國憂民的丈夫。

「我們兒子的兒子，將來還是奴隸，正如同我的父親、父親的父親一般不見天日。」

摩西又開始難過了。他推開帳幕的門簾，出外透一透氣。啊！從約瑟算起，近四百年頭，二百萬的希伯來奴隸之中，只有他一人僥倖躲入皇宮，接受最高的教育。早先約瑟後來當了埃及宰相，造福族人。摩西能對希伯來人有什麼貢獻呢？

「一事無成，兩鬢微霜。」摩西抬著沉重的腳步，頓時之間，從喜獲麟兒的熱度，降到空虛渺渺的失溫。

在遙遠的印度，歷史上也有位才氣縱橫，悲天憫人的悉達多王子，在宮中享盡榮華富貴。偶然出宮，發現一般百姓的生老病死之苦，覺悟一切是空，苦也是苦，樂到後來也是苦。最好一念不起，無悲亦無喜，放下種種執著的貪慾，瀟灑自然。

事實上，任何人在失意之時，總不免有人生虛空的無奈。

摩西在宮中，他空不了，他放不下，不是為自己，是為受苦的希伯來奴隸；摩西在曠野，他大可以安享天倫之樂，他仍然掛心受磨受難的同胞們。

只是，他能怎麼辦？

所幸，摩西有一位智慧的岳父，葉特羅。葉特羅愛才惜才，他身上有一種甜美的人情味，穩重踏實，無論碰到任何大小困難，總是輕鬆面對。葉特羅笑起來嗓門很大。他總是樂觀地說：「上帝會帶領。」

摩西是見識過埃及各樣神明的，他以理性的知識分子自居，不語怪力亂神。他基於禮貌，從不反駁葉特羅，但是，他也不會允許自己，輕易「迷信」，那樣未免太淪落了。

「不急，上帝會親自帶領你的。」葉特羅一點也不著急。

一天一天過去了，一個月一個月過去了，一年又一年不見了，摩西又生了一個兒子……又過了許多年。摩西離開埃及之時，他是四十歲壯年，如今，跳了一倍，摩西八十歲了，豪情壯志飄散了，懷才不遇的悶氣，總要用力地平抑下去。

偌大曠野最大的感覺就是空空曠曠，陣陣野風。最愛讀書的摩西，四十年來沒見過一本書，他常在沙上寫字，記一段文字，免得自己不會寫字了，也時常哼一首曲子，他曾經是音樂小神童。四十年的洗練，摩西裡裡外外，是個十足的牧羊人了。

他想。人生就該走入盡頭了吧。

摩西照舊去牧羊，也同樣遇到許多牧羊人，其中不乏當初強烈排斥摩西的米甸人，如今都成了朋友。

四十年前，當摩西初次接觸沙漠生活之時，他最受不了的，不是物質的匱乏，而是牧羊人的沒有程度，粗魯、野蠻，一開口就是罵髒話。在皇室之中，任何一個僕人，都比他們懂規矩，有教養。

「不怪他們，他們沒有受過教育。」摩西為他們找到了理由。

從此，摩西客客氣氣禮讓牧羊人先用水井，幫助他們照顧羊群喝水，不論來者如何蠻橫，摩西總是謙謙和和，維持最佳風度。

久而久之，摩西的謙和也感染了一些牧羊人，也學習了摩西的彬彬有禮，這就是潛移默化吧。

另外一方面，摩西畢竟受過最高學府的教育，正如同今天許多優秀青年回到農田、回到畜牧業，他們的成績單特別漂亮。

摩西拿出科學方法，記憶每一隻羊的特質，並且加以編號，他又格外用心，因此，羊群規模日益壯大。

總是有人好心地勸摩西：「你幹什麼這樣辛苦賣命，這些羊全是葉特羅，你岳父的，你只不過是他的僱工而已，為什麼不分一些過來，太不公平了，我們為你叫屈。」

「他的、我的，還不是一樣。」

「你這個人，從傻小子到傻老頭了，我們看你，每一件事都比別人認真，何苦來哉？為什麼不輕鬆一點？」

認認真真，凡事認真，的確是摩西的特質之一，他總是全神貫注，用心做好手邊每一件事，起得早，睡得晚，捱得窮，受得氣。

一個人這麼認真，到底為什麼？

「不為什麼，因為我是摩西。」

摩西總是嚴格監視摩西，不願意見到自己做出不誠實的事。分分秒秒發出力量，督促自我上進。因為狡詐的謹言慎行或許可以欺瞞別人，惟有正直卻永遠沒有破綻。

培根說：「知識就是力量。」不過，品格更是力量。

22. 人生八十　全新啟用

摩西十八歲的時候，意氣風發，樣樣領先。他深信人定勝天，憑著一己的才華與努力，他會為希伯來奴隸掙出新局面。好一個亦俠亦狂亦溫文的全能摩西。

如今，八十歲的摩西，除了為岳父葉特羅牧養羊群，他什麼也不能做。去國四十年，老盡少年心，他膝蓋隱隱作痛，精神也時有不濟。

不過，從青壯到白髮，摩西忘不了希伯來奴隸——他的同胞。最近，他時時想到自己的親生父親，他從未曾謀面的父親。每晚入睡之前，摩西會試著體會年邁老奴的滋味。他知道許多希伯來人篤信希伯來的神，也許他父親也會呼喊：「由神把我處死吧！我總不放棄對神的希望……」

摩西是受過埃及科學教育的知識分子，他也曾跟著到處拜神，他並不相信這些：如果希伯來神存在，怎麼聽了四百年呼喊沒有動靜。

這一天，摩西來到何烈山，就是西乃山，這座山極其陡峭，即使今天，許多人爬山，依然會割破鞋子。摩西穿著涼鞋，憑著四十年曠野的功夫，他攀上了一塊又一塊大岩石，準備攻頂了。

忽然間，摩西有與世隔絕的空曠之感，可是，卻絕不孤獨。眼前的叢叢荊棘，頃刻之間，開始噼啪噼啪地燃燒。

「奇怪。」摩西抬頭望天，沒有閃電啊，也沒聽見打雷啊。荊棘愈燒愈旺，荊是灌木的刺（例如玫瑰莖上多刺），原是最容易燃著，轉瞬變黑，成為灰燼。可是這特別的荊棘愈燒愈旺，卻完好如初。

摩西看呆了，他專注著搖晃閃爍的火焰，橘黃色、深紅色、褐黑色，又變為白色、黃色，再回到橙色，火光熊熊，荊棘不動如山。

天下哪有這種事？摩西一向有研究精神，他可不信邪，他要過去看一看端詳。

「我一定要去查看清楚。」摩西精神來了。

火焰之中聲音響起：「摩西。」

摩西揉一揉耳朵，以為自己是幻聽。

「摩西。」

這一次的聲音，清清楚楚，原來火還會說話。

摩西自然地回應：「是的，我在這裡。」他的心怦怦亂跳。摩西用手壓住心臟，否則，這一顆心要從嘴巴裡蹦出來了。

荊棘裡又出現聲音：「摩西，你別靠近，這是聖地，你得先把腳上的鞋子給脫下來。」

脫鞋子這件事，摩西不陌生，他第一次遇見岳父葉特羅，就接觸過中東這個習慣，正如同今日人們赴印度教、回教廟先脫鞋一般。

摩西趕緊坐下來，慌慌張張把腳上的涼鞋給脫下來，這涼鞋全是黃沙小石粒，的的確確夠髒的。

脫了鞋，摩西害怕地站了起來，不曉得下一刻又會發生什麼事。

火焰之中的聲音又出現了：「我是你父親的神，也是亞伯拉罕、以撒、雅各的神。」

摩西用手蒙上了眼睛，他可不敢看神。這世界上還真有神，神還在對他說話。

「摩西，我的百姓在埃及所受的苦，我實在是看見了。他們被督工轄制，發出來的哀聲，我也聽見了。現在，我要下來，救他們脫離埃及人的手，領他們到流奶與蜜的迦南美地去。」

原來，神的確聽到了希伯來人的哀聲，摩西有一種激動得想哭的感覺。

「因此，我要打發你，你要回到埃及，去見法老，把以色列人從埃及地領了出來。」神下了命令。

摩西卻不能接受。他趕緊回絕：「神啊，我是什麼人？我算老幾，我怎麼可能去見法老，把以色列人從埃及地領了出來？」

神說：「我必與你同在。」

摩西猛然發現，他父親與希伯來人四百年來拜的神，確實一直存在。他忽然之間，體會到他們的信心。

這一種看不到，卻深信不疑的心情，我們或許可以從二次大戰期間，猶太人被大規模殺害之時，在德國科隆的地窖裡，有一個猶太人留下的一首小詩感受吧。

「即使見不到陽光，我相信太陽在這裡。
即使我感覺不到，我相信愛在這裡。
即使上帝沉默不語，我仍相信祂在這裡。」

23. 不可能的任務

上帝的要求，摩西不敢答應。

摩西推託：「好吧，就算我到了以色列人那兒，對他們說，你們祖宗的神打發我到你們這裡來。人家若是問我，祂叫什麼名字，我該如何回答？」

「我是耶和華，我是宇宙的創造者，也是終結者。」「你去招聚以色列的眾長老，一起去見埃及法老，告訴法老，讓以色列人走三天的路程，祭祀他們的上帝。」

摩西的心裡不斷搖頭，法老怎會放棄既得利益？完全不合情理。

摩西在想什麼，上帝怎會不知道。上帝說：「我知道，雖用大能的手，埃及王也不容你們去，但我必伸手，而且，你們去的時候，婦女還從埃及人手裡，拿著金器、銀器、漂亮的衣服走。」

摩西不敢說：「我不相信。」只好外交式地繞個圈子說：「他們一定不相信，也絕不承認耶和華向我顯現。」

摩西心忖：我手無寸鐵，只有一根從埃及地逃出來之時，在地上撿來的破枴杖，用來牧了四十年羊，難道，要用這個來對付埃及大軍嗎？太荒唐了。

耶和華神又說話了：「你手裡拿著是什麼東西？」

「不過一根牧羊人的手杖。」

「把它丟在地上。」

丟就丟嘛，摩西賭氣似的一扔枴杖。

頃刻之間，枴杖開始扭曲變形，長出鱗片，成為一條巨型的毒蛇。

摩西揉一揉眼睛，不敢相信眼前所看到的，毒蛇倒是看到了摩西，快速地不斷伸出毒舌，準備發動攻擊了！

「天啊！」摩西轉身就要跑。

耶和華神下命令：「快，伸出手來，拿住蛇的尾巴，牠必在你的手中變回杖。」

「不對啊，打蛇在七吋，沒有人打蛇尾的。」摩西心中有疑問，危急之中，勉強憋住氣，很害怕地，用手抓住毒蛇又濕又滑又不停蠕動的尾巴。

忽然之間，尾巴變硬，迅速變回摩西原有的手杖。摩西檢查手杖中的瘢痕，不錯，是他用了四十年的老枴杖，怎麼剛才演了一場魔術，嗯，是神蹟。

還有，那條兇惡的毒蛇，怎麼如此眼熟？對了，摩西忽然想起，埃及法老的皇冠上面，就畫了一條一模一樣的眼鏡蛇，在埃及，蛇代表智慧，許多祭禮之中，蛇也擔任重要的角色，傳說中的蛇攻擊象與獅子，也讓埃及人對蛇又敬又怕，誰不怕蛇？

摩西還停留在對蛇的恐懼之中，也了解到，埃及人拜蛇，因為毒蛇的確可怕。

「把你的手放到懷裡。」上帝又下了第二道命令。

摩西什麼都不敢吭氣，乖乖把手放入胸口。

「現在，抽出來。」

摩西緩緩地抽出手來，他要哭了，好好的一隻手，長滿了大痲瘋，像雪一般白，而且脫落、潰爛，這是最糟糕之中最惡化的狀況。

當時的大痲瘋是不是現代醫學中的痲瘋，不得而知，卻是人們最害怕的病，認為是做了不道德的事，來自上天的刑罰，患者不但要隔離，凡是摸過、碰過的東西，都要焚毀或徹底消毒，比起任何病毒感染還要恐怖，而且，很少有人會得到痊癒。

「怎麼會呢？怎麼會呢？一下子禍從天降啊！」摩西自哀又自憐。

「再把手放進去。」上帝又下了命令。

摩西不願意，又不敢遲疑，他再度把手放入懷中。

「抽出來。」神又吩咐。

摩西抽出來，一看，再度不可置信，手又恢復了，光光滑滑，毫無脫屑，他從來沒有覺得，自己用過八十年的雙手，竟是如此美麗。摩西兩隻手互相比較，想親吻自己的雙手。

耶和華神說話了：「你看，倘若他們不相信你頭一個神蹟，一定相信你第二個神蹟，如果兩個都不信，那麼，你就去取一些尼羅河的水來，倒在地上，水立刻變為血。」

摩西還是不想接下這個任務，他得慎始，摩西跪在地上討饒：「主啊，祢要打發誰，就打發誰，拜託，別找我，我一向拙口笨舌，就是祢對僕人說話以後，我還是一樣沒有口才。」

其實，摩西口才便給，他遇到神，還是對答如流，只是，他不想八十高齡，再去挑這麼重的擔子。

耶和華神說：「誰使人口啞耳聾目明眼瞎，不是我嗎？我必賜你口才，你哥哥亞倫向來能說會講，你要以他當口，他可以當你的助手。」

摩西傻住了，手杖不再是他的手杖，甚且，手也不再是他的手。為什麼神找上他，他不曉得，也許是，他捨不得以色列人哀哭，想到神也心疼人們受苦，他快樂得想發抖。想到未來任務，摩西也還是怕得渾身抖顫。

24. 上帝要摩西再年輕一次

人生遇到特別的事情，你會想要告訴誰？對摩西而言，這個人是他的岳父大人——葉特羅。

摩西的確遇到天底下最奇特的事，耶和華神把他的手杖，變成毒蛇，又讓他的手掌，染了大痲瘋。卻也都在頃刻之間，恢復原狀。而且差派摩西到埃及去，說服法老，釋放二百五十萬名希伯來奴隸。

「葉特羅，葉特羅！」摩西一路飛奔，口中不斷叫喊著岳父，人生世上，有一個人，你可以全心信賴，的確是一件幸福的事。

「摩西，怎麼了？有話慢慢說，你像一個小孩子般著急。」

摩西笑了起來，八十歲的人能被當成小孩子多好。他望著葉特羅，這個慈愛的長輩，有一種清明的表情，那雙眼睛，顯露著世事洞明皆學問的溫柔，儘管沒讀過什麼書，卻是智慧通達。

葉特羅聽完了摩西的敘述，沒有大驚小怪的樣子，他本來是米甸的祭司，他的祖先是亞伯拉罕與妾基土拉所生的，因此，他所事奉的神，也是亞伯拉罕的神，只是當時的人，對耶和華神認識有限。

「你牧羊的杖代表什麼？」葉特羅問摩西。

「這根杖可管用著，無論爬山趕路，牧羊驅敵全靠它。」

「沒錯，這根杖代表著身分、地位、影響力，你放下了杖，交給神，這杖就活起來了。」「摩西啊，上帝要你再年輕一次，恭喜你，大有可為。」葉特羅拍著摩西的肩膀，充滿了剛強鼓舞的熱情。

摩西心裡可沒那麼想去，他八十歲了，時不我予。雖說當時的人計算年齡的方式，可能與現代人不大一樣。但是從《聖經》〈民數記〉中記載，後來上帝規定，祭司辦理會幕的事，到了五十歲就要停工退任，不再辦事。由此可見，八十歲，到底不再是年輕小伙子了。

摩西又回去和妻子西坡拉商量。他們結褵四十年，在摩西最狼狽落魄之時，西坡拉帶給了摩西愛情的甜蜜，家庭的溫暖，安慰曠野的孤寂，真可謂是患難夫妻，同甘共苦。

摩西遇見神的事，聽起來很怪異，西坡拉沒看過神，沒見過鬼，但是，她相信她的丈夫，知道摩西不會編謊話，因此她鄭重地對摩西說，「我們別無選擇，只能信靠神。」

可是，摩西還是猶豫不決，不想動身。

摩西四十歲以前，何等風光，他不以身為埃及王子為豪，一心惦記希伯來奴隸，卻也是坦坦蕩蕩，問心無愧。

四十歲那一年，他因為出手救援一位老奴，失手打死一個埃及監工，還曾經被希伯來一奴隸譏刺，落荒而逃，躲入曠野之中。

這一頁不光榮的往事，摩西沉澱心裡，他厭惡自己輕率毛躁，他感覺羞愧，他後悔那一刻的莽撞。

在午夜夢中，摩西經常又回到那一幕，他在昏黑的夜裡，草草掩埋屍體，四下不停張望……可怕極了。

四十年過去了，心虛的傷痕未曾結疤，摩西是殺人犯，回到埃及，豈不自投羅網。葉特羅摟著摩西，「孩子，你平平安安帶著西坡拉走吧！」

摩西卻磨磨蹭蹭，不想出發，他這一輩子，再也不想踏進埃及，雖然希伯來奴隸在受苦中，他有什麼辦法呢？

就在這個舉棋不定的關鍵時刻。

有一天，摩西一早醒來，突然清清楚楚聽到耶和華神的聲音：「你要回埃及去，因為要你命的人都死了。」

摩西又一次被嚇住，真是可怕啊，上帝什麼都知道，知道他殺了人（他可沒告訴任何人，包括葉特羅、西坡拉），而且知道他在怕什麼。

好吧，摩西心想，就算法老去世，繼任的人也不好惹，再說當初殺人之事，必有許多希伯來奴隸知道。他永遠忘不了。希伯來奴隸扠著腰，冷言冷語對他說：「你憑什麼想領導我們？誰派你來的？」那輕蔑的神情，一直結凍在摩西心裡。

可是，另外一方面，摩西第二次又聽到神的開口，讓他對整個宇宙有了完全不一樣的看法。這個世界真的有神。而且，神跟他一樣，憐憫受苦受難的人，他有了神，可以重拾當年理想。

於是，摩西帶著西坡拉，以及大兒子革舜、小兒子以利以謝，拿著手杖，備好驢子，準備出發了，他對於未來光景，完全一片茫然，他學會了順服。

在冷冷的黑夜裡，腳前彷彿有一束亮光，指引著摩西。

西坡拉對摩西說：「也許你自己不覺得，不過，我要告訴你，自從你接下新任務，你整個人不一樣了，變得好年輕。」

「是嗎？」摩西捧著西坡拉的臉，「那妳也要陪我一起年輕。」

25. 女子護衛男子

女人總是幻想，有一位英俊的白馬王子，隨時準備英雄救美，為她撐天至地。就像白雪公主等著被吻醒。

殊不知，男人也希望被保護，如同古典小說之中，美麗的深情俠女，為男主角鋪平所有大小困難。

從某一個角度來看，曾經是埃及王子的摩西，娶了米甸祭司的女兒西坡拉，也像落難公子，遇到了番邦公主，過了四十年恩愛夫妻生活。摩西以擊敗小流氓的姿態出現，展露紳士護花的英雄氣魄，不過，接下來的曠野生涯，其實是西坡拉照顧摩西。

摩西接受上帝的呼召，帶著西坡拉和兩個兒子，牽著驢子，告別岳父葉特羅：「我現在要回埃及，看看我的弟兄親人還健在嗎？」

葉特羅一一吻別，並且囑咐西坡拉：「妳的名字就是小鳥，特別靈巧，好好照顧摩西。」

「爸爸，我愛你。」西坡拉摟緊了葉特羅。

一路之上，西坡拉不斷為摩西加油打氣：「你多幸運，終於可以實現理想，我也好希望認識耶和華神。」

西坡拉不算美麗，卻絕對聰明，她的柔情，甜蜜地滲透摩西，四十年來，摩西一直感覺到親愛的妻子，呵出暖暖的氣息，拂過他的面頰，讓他知道，自己並不孤獨。

摩西邊走邊回答：「上帝會讓妳遇見祂的。」

忽然摩西停住了腳，臉色乍然變白，呆傻不動。

「怎麼了？」

做妻子的，總是敏感地注意丈夫。

「我聽到神說，神要殺我，因為我沒有行割禮。」

原來，上帝規定，以色列人生下來第八天，要為男孩行割禮，把陽皮整個一圈除去，證明成為上帝的選民。也許摩西生下來的時候，法老正宣佈初生男嬰一概丟入尼羅河，因此顧不得照規矩辦理，也許入埃及皇室之中，也曾為了衛生，割了一刀，但不是整圈割去。

反正，無論如何，被上帝使用的人，豈能行事打折扣，摩西一下愣住，不知該如何反應。

西坡拉二話不說，撿起一塊火石刀，對著天高呼：「上帝啊，請賜給我力量。」回過身來，迅速扯下兒子革舜的褲子。

革舜還一頭霧水，做媽媽的，已經迅速將兒子的陽皮清潔溜溜，手術之精準，不下於外科醫生。荒郊野外，又沒有打麻藥，鮮血直冒，革舜痛得大呼小叫。

在尖喊聲中，西坡拉又快速地把革舜的陽皮，放在摩西的生殖器上，父子二人全愣住了。

「你看，這樣一石二鳥，孩子也行了割禮，你也不會挨一刀耽誤行程。」西坡拉解釋給摩西聽。

摩西暗暗佩服，女子的愛是行動派，他的困難迎刃而解，露出感激的微笑：「謝了。」

「啊，現在你倒真成我的血郎了。」西坡拉開起玩笑，原來，埃及人、米甸人都有結婚之前行割禮的習俗，這一段養傷期間，稱之為血郎。

西坡拉在驚險之中經歷神，看見神，神也幫助西坡拉成長，將護夫心切的情懷，轉化為具體行動。西坡拉這段歷史，後來影響了蔣夫人。

一個人讀怎麼樣的書，往往成為怎麼樣的人。蔣宋美齡的父親宋嘉澍曾以印製《聖經》致富，大量資助孫中山先生的革命，宋美齡的外婆是明朝大學者徐光啟的後人，徐光啟曾在義大利教士利瑪竇指導之下，翻譯大量西學。因此，宋美齡從小對

《聖經》有濃厚的興趣，對國家也有一分責任感。

一九三六年，張學良以「安撫東北軍」的名義，邀請蔣介石前往西安，卻是蓄意劫持，消息傳出，全國大譁。有人主張，出兵西安，宋美齡主張談判，她鄭重地表示：「如果委員長一死，可以造福國家，我會勸他為國犧牲。」

人人擔心宋美齡貿然前往，可能遭擄，可能同歸於盡，她先找人送去親筆函：「三日內不回京，我必前來與君共生死。」接著十二月二十二日果真飛往西安，果斷堅強，一如西坡拉。

飛機著陸，她交給同行的澳洲報人端納一把手槍，囑咐他：「如果我被抓，立刻開槍殺了我。」結果張學良憔憔悴悴，面有愧色登機迎接夫人，奉上熱茶。

當宋美齡突然出現在蔣介石面前之時，他以為看到幻影，等到發現真是他美麗的妻子之時，喉頭一陣哽咽，無法說話，勉強鎮定之後，大聲呼喊：「我的天啊，妳真的跑到虎穴來了。」

宋美齡看到她心愛的丈夫，中國抗日的領袖受了傷，病歪歪躺在床上，她暗呼：「上帝，幫助我。」

她扶起了蔣介石，拿出《聖經》，對他說：「我們一起禱告。」

蔣介石對她說：「前幾天，我絕食準備為國犧牲，看到妳捎來的信，我哭了，開始進食，並且要求他們交還我隨身攜帶的《聖經》。妳猜，我今天早上，剛好讀到哪一章？」

說著，蔣公迅速翻閱〈耶利米書〉，第三十一章第二十二節「耶和華今要做一件新事，即以女子護衛男子。」還真靈驗。

後來，西安事變果然因此解決。

女人，妳的名字是弱者，但是，當她心裡有泉水不能熄滅，大水也不能淹沒的愛情，靠著神大能，凡事都可能。

26. 從林書豪談起

二〇一二年，籃球高手林書豪，榮登年度「全球百大影響人物」榜首，美國教育部長鄧肯的頌辭是「展現膽識、紀律與操守」。

林書豪是虔誠的基督徒，他知道宇宙只有一位真正的神，這位哈佛小子，三句話不離上帝，並且表示，球場上的勝利乃因「上帝從〈創世記〉以來，沒有停過創造神蹟。」

許多男孩子都喜歡打籃球，長大了，課業繁重，自然放棄。林書豪的異類，不能不歸功於他的父母親林繼明與吳信信，尤其吳信信是牧師的女兒，她尊重鼓勵孩子的興趣，卻也嚴格要求：「做好功課再打球，這是條件。」

由於林媽媽陪著林書豪上球場，惹來許多母親們不以為然的閒話，但是當林書豪申請入了哈佛大學，媽媽集團又爭相打聽，如何進入球隊。

大凡校隊在學校中的課業，多半羞於見人，林書豪卻是經濟學考到一百分。哈佛滿分五分，他平均四點二分，只是他選擇打球，想要「為神打球」，這的確是很特別的目的。但也因此，林書豪即使他身高、速度、力量不及人，屢屢被教練刷掉，若非球隊控球後衛一一受傷，他根本沒有上場的機會。

林書豪的崛起，迅速擄獲球迷與非球迷的心，他謙虛有禮，前有旺盛的鬥志，在酒色財氣與毒品猖獗的體育界，讓人看到久違了的美德與清心，讓人耳目一新。

如此可愛的孩子是怎樣教出來的？吳信信認為這是上帝教的。林書豪從小上主日學，長大以後，也在教會教孩子們主日學，他也喜歡教小朋友打籃球，將來的志願是當牧師，父母對他的期望則是「走在主的道上」。

主的道是什麼呢？讓我們再回到《聖經》，尋覓賜給林書豪的力量。摩西的妻子西坡拉，為了通過上帝的試煉，迅速割下兒子革舜的包皮，放在摩西的生殖器上，一方面為兒子割禮，同時也代表了摩西的割禮。

摩西看著兒子，一臉痛苦，疼得眼睛都閉起來了，做爸爸的，實在捨不得，此番上埃及，前面還不知道有多少艱困，攜兒帶眷，也不方便。

「親愛的，妳帶孩子先回去。」

「那你呢？」西坡拉不放心。

「我有上帝。」

「是的，我剛剛也親眼見到上帝的可畏可教，以及祂對你的器重，神真是愛你。」

西坡拉在摩西臉上，輕輕吻了一下，長久以來，摩西是她的丈夫，某一種感覺又是她有三個兒子，摩西是長子，革舜、以利以謝是老二老三，全是她照顧的，都是她的寶貝。

「上帝比我還愛你。」西坡拉寬慰地笑著。

「上帝也會幫我照顧你們。」摩西吻別妻子兒子，勇敢地單獨向前。

走到了何烈山，就是摩西遇到了神的地方，他停了下來，向山仰望，回想手杖變蛇，手長大痲瘋的經過，整個事情發生得太快了，剛才又差一點被神殺掉。

摩西突然發現，他生命中的主權已悄悄轉移了。

他遠遠地看到一個大鬍子，熱情地招手，似乎是衝著他在喊，可是，摩西並不認識這個陌生人，摩西在埃及的朋友，天天刮臉洗面，沒有一個生得這般毛毛臉。

大鬍子快過來了，口中不斷喊「摩西」。接著，用力地抱緊摩西，竟然還傷感地呼喊：「啊，我想死你了，啊，我終於找到你了。」

大鬍子一個人哭了半天，鬆開手，對摩西說：「你不認識我？」

摩西不好意思頭一點，他心想，怕是認錯了人。

「你真的不認識我，我是你哥哥亞倫啊！」

是的，摩西想起來了，他推說自己不擅言詞之時，神曾經說過：「你有一個哥哥亞倫，不是能言善道嗎？」竟然哥哥就出現了，八十歲，突然冒出一個親哥哥，真是奇妙。

「我大你三歲。」亞倫勾起摩西的手。

「你怎麼會跑到這兒來？」摩西問道。

「咦，我聽到上帝對我說，到這兒來找你，我立刻就來了。」亞倫一副理所當然的模樣。

若不是摩西自己也遇見神，他一定認為亞倫胡扯八道，現在卻有面對知己的會心。

「你要不要聽一個奇怪的神蹟？」

接著摩西把奇遇一五一十說給亞倫聽。

亞倫一點沒有懷疑的表情，只是不斷點頭，微笑，再點頭，微笑，然後緊緊掐住摩西的手，「弟弟啊，上帝要救我們以色列人了，我們禱告了好久、好久……」

摩西忽然發現，亞倫的嘴角眉梢，和自己長得很像，一股骨肉之情頓然而生，兩人互相親面頰，好舒服啊。

但是，還不只此，他們有共同的信仰，那是一種穿越血肉，直到靈魂深處的契合，《聖經》裡也稱之為brother，中文翻譯為弟兄。

〈詩篇〉中有一句話：「弟兄和睦同居，是何等的善，何等的美，好比貴重的油，澆在亞倫的頭上，流到鬍鬚，又流到他的衣襟。」

在頭上塗油乃當時社會表示歡迎與尊敬。

摩西遇到亞倫，讓他溫暖，神不會讓人孤單奮鬥的。

無論林書豪未來球場輸贏，他說「上帝的愛，家人的支持」是他永遠的力量，他有一個哥哥、一個弟弟，是兄弟，也為弟兄，何等幸福啊！

27. 預奏凱歌

當一個小孩進入幼稚園以前，父母親通常都會教導他，爸爸什麼名字，媽媽什麼名字，免得走失了。

摩西直到八十歲，遇到了哥哥亞倫，才第一次認識親生父母。

「我們的爸爸叫暗蘭，他娶了他父親的妹妹約基別為妻，約基別就是主的榮耀之意。」

古今中外以前都有內婚制，希伯來、埃及、中國都是，大家所熟悉的金庸小說《天龍八部》之中，楊過暱稱與他有親屬關係的小龍女，便是小姑姑。

亞倫接著用動人的語調，敘述當年法老下令，把男嬰扔入尼羅河之中，媽媽如何做了一個小箱子，將摩西放在裡面，藏於蘆荻之中，公主又如何發現了，姐姐米利暗適時而出，大膽地建議找一位希伯來奶媽，結果找來親生媽媽……一一娓娓道來。

摩西聽著關於自己的故事，眼眶濕熱，心中感激，他何其有幸，有兩位給了他愛與溫暖的母親。還有這個新冒出來的哥哥，一臉腮幫鬍子，講起話來，卻是口才便給，有姿勢有表情，難怪耶和華神說：「你有一位哥哥，不是挺能說的嗎？可以找他代言。」

啊，不愧最佳代言人。摩西稍稍心寬。

摩西問亞倫：「為什麼你一聽到上帝說要找我，你馬上就跑來了？」

摩西心忖，自己猶豫又掙扎，亞倫為何如此理所當然。

「我從小信神啊，我們爸爸媽媽在被迫害之中，從來不曾動搖，還有，等一下，你見到大姐米利暗，你就曉得了。」

「怎麼說？」

「米利暗是天底下最最虔誠的人，尤其是公主救了你，她相信這絕非巧合，而是上帝親手搭救，米利暗就從此確信，這個小弟既是被拯救的，將來，也要拯救所有希伯來人。」

亞倫嘆了一口氣，笑著拍了一下摩西的肩膀，手掌厚實有力，「你啊，表面上離開我們家，搬到埃及皇宮，我們這個偉大的姐姐，把你當成還住在家裡，摩西這、摩西那，不斷嘮嘮叨叨。」

「還有，公主答應米利暗可以進宮看你，可是宮中戒備森嚴，豈是如此容易，米利暗就對著皇宮的位置，日日夜夜，為你禱告、為希伯來奴隸禱告，她的心腸永遠想到別人，沒看過像米利暗這麼好的人。」

「不過，也夠嚕囌的，你得受得了，哈哈。」亞倫自顧自笑了起來。「還好，她會唱歌，這歌聲真是好聽，她只要一開口，大家全都圍了過來聽她唱，米利暗就唱得更起勁了，奇怪，大家一跟著米利暗唱歌，彷彿日子就不再那麼苦啦！」

一路之上，全是亞倫在開口，他熱情、不免急躁，就像中國人常說的，躁人之言多，吉人之言寡，摩西聰明好學，凡事謹言慎行，兩下對照，一個說一個聽，倒也讓摩西一下子明瞭許多狀況。

「對啦，你結婚了嗎？有幾個孩子？」

摩西說：「兩個，我才讓西坡拉帶著兩個兒子先回去，你就出現了，沒關係，以後會再見的。」

亞倫說：「我有四個兒子，我大你三歲，米利暗大你六歲。」

哥倆好，有說有笑越過西乃曠野，來到紅海，向北走，過苦水湖，直達三角洲，也就是歌珊地，希伯來人的社區。小磚屋錯落有致，倒也整理得清爽宜人，摩西嚇了一跳，這些奴隸，倒是挺能自律。

摩西倒抽了一口氣，想著，世界上有一個人，晝夜不停為自己禱告了八十年，他馬上要看到姐姐了，一股漲溢出來的感情，逼得摩西想哭。他嗅到香味，不曉得在熬煮什麼，卻有一陣幸福感蔓延著。

亞倫敲敲門，自言自語：「米利暗一定等得焦急了。」門開了，米利暗出現了，她應該有八十六歲了，當然不是年輕的小姑娘了，可是兩頰通紅，眼目炯炯有神，非常幹練明朗。「快，準備吃飯。」她說完，立刻回身準備端出食物。她的表情，似乎兩個弟弟早上上班、晚上回家，似乎摩西從來沒有離開過家，事實上，當一個人深深愛另一個人之時，她就擁有對方，無論對方在不在眼前。

米利暗很滿意地看著兩個弟弟狼吞虎嚥，不管弟弟多大，弟弟永遠是弟弟。女人內心天生的柔情，讓她展現不同於媽媽的另一種膀臂。

等到兩個弟弟飽餐了，米利暗對摩西說：「你還是和當年在小箱子的小嬰兒一樣可愛英俊。」

摩西啞聲失笑，八十歲了，歷盡滄桑，怎麼會像小嬰兒。他本來想說：「老了。」一看比他大三歲的哥哥、大六歲的姐姐，不敢開口。他發現，米利暗停格在八十年前，那是她神聖的回憶。

摩西平靜向大姐報告，如何遇見神，神又賦予艱巨的任務。

「不要怕。」「聽到沒有，不要怕，上帝會帶我們過一切難關。」米利暗用手摟緊兩個弟弟，「我們要黏在一起，一起為希伯來人奮鬥。」她的眼神迸發堅決的使命感。

「摩西，勇敢接下神的任務。」米利暗眼睛看著小弟，對神有說不出的感恩，她開始唱歌，高亢悅耳，好像天使的清唱，「來，讓我們預奏凱歌。」

在教堂裡，牧師講道前，也總是先由詩班或敬拜團唱歌，這美麗的歌聲，是頌讚上帝，也是象徵凱旋。

米利暗為《聖經》之中第一位詩班指揮兼獨唱，也是出色的女先知。

28. 民族救星的膀臂

「我最大的安全感來自自己的努力。」這是一位哲人的名言。十八歲時的摩西也如此豪氣干雲，欲上青天攬明月，幫助希伯來的奴隸，脫離埃及法老的魔掌。

八十歲的摩西，歷盡人世風霜，再不敢狂妄斗膽，他得靠上帝。當他姐姐米利暗，充滿信心看著弟弟，熱情地反覆訴說：「摩西，你從小，我就知道，你是我們的民族救星。」

「不，我不是，神才是。」

「可是，神要用人來做事，你就是神揀選的人。」米利暗篤定地強調。

摩西真是害怕極了，他屈膝跪下來，千鈞萬擔在身上，他雙手揉著緊張疼痛的太陽穴，自己責怪自己：「摩西啊，你難道忘了，你曾經切望要幫助這個世界，難道你還不明白，神正答應著你長期的禱告嗎？」

這時，米利暗的雙手，從摩西背後環繞著他，彷彿神的慈愛、神的溫暖，藉著米利暗傳送過來。

摩西站了起來，看到八十六歲的姐姐米利暗、八十三歲的哥哥亞倫臉上掛著「一家人在一起」的微笑。「是啊，大哥大姐都不喊老，我這個小弟弟焉能不賣命，這條命原也是上帝揀回來的。」

摩西在心中下了一個重大的決定，既然開了頭，不論遇到多少困難，就讓上帝的手，牽著他的手，拚下去了！

活動力超強的米利暗說：「當亞倫去尋你之時，我已通知以色列眾長老，他們都等著你來，我們馬上去見他們。」

「這麼快？太倉卒了吧。」摩西還有些猶豫，殊不知，神的工作神的效率是超乎人所能想像的。

「以色列人等了四百年了，快走吧。」米利暗催促著，摩西頃刻之間，被推上了前台。

長老們一字排開，上下打量著摩西，臉上露出無法相信的表情。其中有一個人，名叫柴克，向來以領導自居，霸氣十足，立刻不客氣地射出一箭：「請問摩西，你到底是哪裡人？」

「我是希伯來人。」摩西溫文地回答。

「依我看，你是埃及人，是剝削希伯來人的人。」

旁邊也有一些人，顯出激動悲情的神色，開始鼓譟。

摩西心中一酸，想想自己這一生，若非是同情希伯來人，豈不在宮中安享太平。可是，希伯來奴隸他們不明白摩西的苦心，上帝明白，就夠了，不用多爭辯。

摩西不發一言，把杖子一扔在地，心中暗呼：「主啊，靠祢了。」

手杖立刻蜷曲，變為一條毒蛇，扭動著，眾人大譁，迅速後退。毒蛇似乎認人，朝著柴克前進，柴克嚇得幾乎跌倒。

摩西向前，輕輕一握蛇尾，手杖復原。

「這是耶和華神交給我的第一件神蹟。」摩西平靜地說。

接著，摩西伸出手，攤開給眾人看，然後，往懷中一抽再一伸，天啊，竟成白白爛爛的大痲瘋手，大痲瘋是當時人最害怕的瘟疫，眾人露出同情又害怕的表情。

摩西自己當然也有恐懼，萬一變不回來就慘了，他又哀求：「神啊，救我。」

摩西把手重新放入懷中再伸出手，咦，又是光光滑滑，毫無病症的手。

「就憑這兩下，法老會救我們嗎？」柴克不以為然。

「請你取些尼羅河的水來。」摩西客氣地說。

柴克氣嘟嘟提來一桶水。

「謝謝。」

摩西仰頭望天：「神啊，請顯神蹟。」

摩西舉起水桶，倒過來，一灑，哇，一攤血，還發出陣陣腥臭。

群眾之中，有人開始哭，開始喊：「神真的聽到我們的禱告了。」

米利暗用清亮的女高音開始唱〈撒哆乃〉，意思是神與我們同在，這是希伯來民族熟悉的一首歌，大家一起唱著，唱著，將神的心、人的心唱在一起。

「我們出現了民族救星。」

眾人用力拍掌著。

在中國對日本的八年抗戰之中，蔣介石也被視為民族救星，他堅毅勇敢，的確其介如石，他的膀臂確曾想救更多更多中國人。

當蔣介石與宋美齡結婚之時，他答應岳母大人，願意勤讀《聖經》，但是，他還不了解基督教，因此，也沒法子成為基督徒。

宋母答應了他，而且相信，神會親自帶領。

宋美齡很高興，她說：「我擁有全天下女人所能擁有最大幸福，有機會全心全意投入偉大目標，有個與自己同信念的丈夫。」他們有同樣愛國目標，蔣介石公務繁忙，也沒時間沒興趣多了解《聖經》。

三年之後，蔣介石部隊與軍閥馮玉祥交戰，兵圍受困，無路可逃。他發現鄉間一個小教堂，進去，跪下，禱告，彷彿一雙膀臂圍住了他，就像小孩子學習寫字之時，大人的大手暖暖握住了小手。蔣介石一怔，暗暗許願：「只要獲救，我願受洗。」

果然，天上立刻降下大雪，阻止了馮玉祥的軍隊，蔣介石也於一九三〇年十月二十三日受洗，此後一生的日記之中，幾乎天天都有神，他已經想不出來，沒有神之前，他是如何過日子的。

所謂的民族救星，也需要屬於他的救星啊！

29. 當苦力對上法老

有一則著名的寓言故事：一群老鼠集會，商議如何應付可怕的天敵——貓也。其中有一隻老鼠突發奇想：「不如在貓脖子上掛一串鈴鐺警戒。」

主意甚妙，問題是，誰去？

妙了，現在摩西自動請纓上陣，並且展現了神蹟，許多希伯來奴隸雀躍，也有幾個工頭表現出強烈的醋勁。

摩西的姐姐米利暗，對著不合作的工頭說：「不然，摩西不去，換你們去也可以。」眾人不語，如果這件事如此簡單，希伯來人也不會當了四百年的奴隸，再說，宮廷森嚴，巍巍法老，哪裡想見就見，守衛的長槍會不會直刺過來，豈非白白送死。

許多支持摩西的群眾，倒是十分樂觀，他們唱著，笑著，跟在摩西與長老們身後，等著法老見識耶和華神的厲害。

摩西心中情緒複雜，他也沒有把握，法老會不會見他。不過，新上任的法老是摩西當年的老同學，是舊識，也是處處與摩西較勁，卻總是技差一著的敗將。由於摩西曾被視為法老可能的繼承人，在由卻爾頓希斯頓主演的經典電影《十誡》之中，還特別安排尤伯連納飾演新法老，並且杜撰了一段愛情故事，讓摩西與新法老成為情敵。

畢業多年的同學會經常是敘舊又暗暗競爭的場所，基於這一種微妙的人性，尤其，摩西是四十年前的風雲人物，又是殺了埃及人逃亡的犯人，因此法老一聽「摩西」，馬上耳根發熱，他迫不及待，想要摩西見見自己顯赫的威風。

法老抬起驕傲的下巴，「快傳。」朝廷上下許多臣子跪倒高喊：「法老是拉，拉是法老。」拉是管理一切的神，法老是神，這是埃及人民的意識。當一個人自認為是神，開始完全失去反省的能力，中國古代的真命天子也是如此囂張跋扈的。

摩西、亞倫與長老，緩緩走進宮殿，這是摩西從小生長的地方，景物依舊，高大寬敞，到頭都是晶瑩的大理石，牆壁上鑲嵌著寶藍、粉紅，各樣的珍貴寶石，諸神的浮雕到處可見，九級的梯階上面，英俊的法老端坐著。

法老穿著細麻布的長服，金色護胸，腰繫金鍊，頭頂紅白相間的皇冠，上臂、手腕、腳踝各佩三對鐲子，左右兩旁，各有一個赤身奴隸，不斷地揮著鴕鳥羽毛扇，送來微微細風。

宮殿中的榮華富貴，摩西曾經享受，也平靜拋棄，亞倫與長老們因為好奇，不免東張張西望望。

法老說：「摩西，好久不見了。」下一句話，法老想說的是：「你怎麼變成這副遊民的樣子，滿臉落腮鬍子，還有羊腥味。」只是沒開口。

法老清了一清喉嚨，嘴角湧出微笑，心中暗喜：「摩西啊，摩西，我終於把你狠狠比下去了。」

法老眼光一掃，看到摩西炯炯定定的眼神，忽然一懍，好威風。他從小就發現摩西眼光清朗，讓人不敢親狎，奇怪，現在摩西髒兮兮，根本就是流浪漢，而且自取滅亡，跑回奴隸階級，堂堂法老，捏死摩西，比捻死一個小蟲還容易，無事不登三寶殿，摩西此番前來，目的安在？

摩西開口了：「以色列的神耶和華這麼說，請容我的百姓離開，在曠野向我守節。」

法老望著摩西，觀察他威嚴崇高的模樣，忍不住笑了起來：「耶和華是誰？我不認識，我不會聽他的話。」法老心想，傻瓜摩西，你難道不知道，跟你說話的法老，是神。

摩西繼續表白：「希伯來的神遇見我們，求你容許，讓我們走三天的旅程去朝聖，免得祂用瘟疫、刀劍攻擊我們。」

法老生氣了，從座位上站了起來，指責道：「你為何煽動百姓罷工，這裡的希伯來人這麼多，耗費多少寶貴的糧食，你竟叫他們歇了擔子，虧你還是吃埃及麥子長大的呢！」

一會兒，摩西一行就被轟了出來。

「沒有良心的傢伙。」幾個認識摩西的埃及人，相互批評摩西的忘恩負義。

摩西不語，他體諒他們，從埃及人的眼光看來，的確是如此。

摩西、亞倫出宮，立刻被希伯來人包圍，他們也不滿意摩西：「你不是有本領嗎？法老如此可惡，為什麼還不趕快把手杖變成蛇，狠狠咬他一口，咬死算了，為希伯來人報仇。」

摩西只能沉默。

上帝為什麼不顯靈？也許《新約聖經》一段故事可以說明。

耶穌帶著門徒往耶路撒冷去，途中經過撒瑪利亞，由於撒瑪利亞人的宗教血統不純正，猶太人稱撒瑪利亞人為雜種，而且來來往往，經常繞道，表示不屑，但是耶穌甚且跑去傳教。

耶穌的門徒雅各、約翰自以為正義，他們知道耶穌能顯神蹟，因此被稱為「雷子」的火爆約翰建議：「夫子，燒一把火自天降下來燒滅他們。」

耶穌溫柔地望著門徒：「你們的心如何，你們不知道，我不是要滅人性命，而是要救人性命。」

中國人說上天有好生之德，《聖經》上說：「太陽照好人也照壞人。」

即使對法老，上帝也願意給他悔改的機會。

30. 告御狀

摩西向法老陳情，解放受奴役的希伯來人。法老當然不肯，上帝也沒有顯靈，摩西悻悻然離開埃及皇宮……

希伯來人對摩西不滿意，摩西心裡難過，但是，他還是一往情深地愛他們。這是一種特別的愛，超乎同胞之愛，既非仰慕之愛，亦非互相吸引，而是agape，出於意志的愛，自己選擇，沒有一己私利的愛。讓我們舉個例子吧。

在今天倫敦熱鬧的蘇活區，附近上演著許多街頭藝術，其中有一座雕像，手上拿著弓箭，許多觀光客喜歡攝影留念，尤其是愛侶，因為他們以為這是愛神邱比特，其實，非也，此乃沙夫茨伯里伯爵，在著名的西敏寺教堂中有其記載。

伯爵出身於貴族，家境富裕，終其一生，幫助窮困煤工，改善作業環境，他在學習摩西精神。

然而，善門難開，摩西的困難還正開始。

法老王蘭塞二世認為摩西挑戰他的權威，他受到冒犯，心中不悅，於是他喚了埃及督工來說：「從現在起，你們不許把草發給百姓，叫他們自己去撿草。但是，成品數量不可減少，免得他們誤解摩西荒謬的謊言。」

督工領了命令，為了自保，立刻交代希伯來工頭照辦。

這下子，工頭傻了眼：「我們要到哪兒去找草？」

「這是你們自己要解決的困難啊！誰要你們有心偷懶。」

工頭們異口同聲喊冤：「不是我們，是摩西自作主張。」

督工馬上接口：「好一個愈幫愈忙。」

希伯來人一起共嘗愈幫愈忙的苦果。埃及人用尼羅河的泥與沙做磚，不過，泥與沙的比例不一，需用草調和，難得一定的黏性，埃及地多沙漠，他們尋草不易，日子更苦了。

埃及熱不可當，正午有小蟲、沙蠅，日落有蚊子，又曬又癢又臭又髒，希伯來奴隸找不到草，只得用草條、碎禾莖充代。考古學家挖到埃及建築用的泥磚，竟然還印有蘭塞二世的皇家印記。這個不奇怪，中國古代的銅錢，也印了「開元通寶」、「乾元重寶」之類的，君主總是好大喜功，喜於彰顯名聲。

《聖經》是神與希伯來人共同走過的真實歷史，在今天的巴黎羅浮宮保存著一卷珍貴的皮卷，上面明確記載：「尤伯，烏利亞之子的磚數，分別是六六〇、四一〇、五六〇，共一六三〇，尚欠三七〇。」真是可憐，一塊磚也不可少。

出土的資料顯示，當時某一埃及督工在一塊石板上記了四十三個奴隸的名字，用紅筆在下面一一註明，此人的工作紀錄，例如：「生病」、「被鞭打」、「懶惰」……

希伯來奴隸日子過不下去了，從早忙到晚，一點不得歇，但是，還是達不到生產目標，這根本是強人所難，死路一條，他們聚集商討：「現在，沒有別的辦法，只有直接求見法老。」

希伯來奴隸就和中國古代人民一樣，總是不切實際地幻想，認為皇帝總不會不體恤百姓，壞的都是下面作惡的官員。

因此，奴隸用充滿感情的聲音哀求：「至高無上的法老啊，為什麼要這樣對待僕人？督工不肯發給我們草，卻要我們如數完工，我們不停挨打，其實，這全是督工的錯，罪不在我們。」

當一個人自認為是神，自己製造法律之時，他就是絕對權威。法老怒氣勃發道：「你們是懶惰的，我再說一句，你們是又壞又懶。聽清楚了，草，一定不給你們的，但是，你們每天應該繳的磚，必須如數交納，半點不得遲延。」

工頭們垂頭喪氣出了皇宮，一個一個憋了一肚子的氣，看到摩西、亞倫站在對面，忍不住咆哮道：「兩位愈幫愈忙先生，如果世界上真有耶和華神，願耶和華鑒察你們，看看你們做的好事。現在，你二位害我們在法老面前有了前科紀錄，讓他們以為我們是懶惰的。」

「好一個摩西啊，你到底是埃及之子，你根本不了解我們的痛苦。」亞倫分辯道：「摩西是好心，我們是想幫忙。」

「呸！」工頭們愈說愈氣憤，「摩西把刀交給法老，讓法老捅我們。」

「不是這樣的。」摩西不知該怎麼說。

「我比你們還痛苦。」摩西解釋道。

「你比我們痛苦，你一個埃及之子，你懂什麼？你在曠野逍遙自在，你曉得我們怎麼挨打的嗎？」

摩西又心疼、又慌亂，他不知道自己什麼地方做錯了。

「哼，摩西，你還是離我們遠一點好了」，「自以為是的傢伙」，「害人精」，「討厭鬼」……

種種的批評、責難全部湧至。

從此以後，希伯來奴隸一面做磚，看見摩西來了，就拿起一塊手上的磚往他旁邊扔，「你再過來，我就會用真的磚頭炸你個腦裂開花。」

31. 穿上防彈背心

中國人常掛在口上一句話：「任勞容易任怨難。」任勞任怨這句成語，出自明朝人俞樾編寫的《七俠五義》，描述南俠展昭等七俠，跟在包公身旁辦事，在第一百回有一句話：「說不得小弟任勞任怨罷了。」

摩西正走在路上，忽然之間，閃出一個希伯來人，拿了一塊磚，擱在摩西手上，惡聲惡氣地說：「這是我們以前製的磚。」

接著又搬來一塊磚，擱在地上，沒好氣地對摩西說：「你自己去掂一掂重量吧！」

摩西不得不勉強拾起新磚，沒有摻雜稻草的磚，是扎扎實實的磚頭，九十九・九成分的金塊是吸引人的，磚塊則是沉重的。

摩西不曉得該說什麼，只有沉默。

是的，他去為希伯來人說情之後，法老大發雷霆，連草也不發了，有心整一整這些奴隸「懶蟲」。

缺乏原料，工程明顯落後，奴隸們趴在地上拔草根。

埃及是沙漠，多的是沙，少的是草，不一會兒，青草全被拔得精光，連碎楷也缺貨了。

怎麼辦呢？督工開始用刑，埃及人的刑杖，絲毫不留情落在希伯來奴隸身上，此起彼落的「殺豬」聲，讓人心驚膽戰。

「這全都是你弟弟害的！」

希伯來人也交相指責米利暗和亞倫。

「摩西為什麼不滾回曠野？他走了，也許法老就會開恩，恢復供應草料，我們就不會這麼痛苦了。」

米利暗安撫眾人：「各位鄉親父老，你們難道看不出來，上帝與摩西同在，藉他的手施行神蹟嗎？」

「摩西滾回去，我們不歡迎他！」

摩西恨不得立刻拔腿奔回曠野。從小，他在皇宮之中，是被捧得高高的小主子，後來的四十年，雖然物質匱乏，他的岳父葉特羅一直疼愛這個一文不名的女婿，妻子西坡拉也尊敬他這做丈夫的。

他為什麼要在這兒，沒有道理地平白受羞辱，上帝既然差遣了他，又為什麼讓他陷入窘境？

「你為什麼不去求問上帝呢？」米利暗柔聲地詢問著。

「畢竟，我們族人求了四百年，上帝只對你與亞倫開過口。」

「是的，神是無所不在的。」

摩西跪了下來，忍不住訴說委屈，就像公共場所的「EXIT」方牌的出口標幟。人生有一個地方，有一位神，可以傾聽自己的心聲，真是美啊，甚且不需進一個廟，隨時可以敞開胸懷。

「親愛的主啊，祢為什麼苛待這地的百姓呢？為什麼打發我去呢？自從，我奉祢的名見法老，他就加倍殘害奴隸，祢一點也沒有拯救百姓啊！」

神開口了：「我是耶和華，我是從前向亞伯拉罕、以撒、雅各顯為全能的神，希伯來人以前不知道我的名字。」

耶和華（希伯來文雅威）——的確，希伯來奴隸以前只是知道希伯來的神，不知道名字，一個人認識另一個人的名字之後，自然而然油生親切感，拉近了距離，摩西再一次聽到神自我介紹，內心油生喜悅。

「我是耶和華，我會用我伸出來的膀臂，重重地刑罰埃及人，救贖你們脫離他們的重擔，領你們進入迦南美地，你們等著看吧。」

聲音消失了，摩西再一次確認，這個世界上果然有耶和華神，而且應允救希伯來奴隸脫離苦難。

摩西趕緊跑去告訴米利暗與亞倫，家人團隊讓摩西有貼心的溫暖，此番再度遇見神，更讓摩西有萬夫莫敵的神勇。

米利暗一向容易激動，她聽說了這個好消息，拉著兩個弟弟的手又唱又跳，又哭又笑，姐弟三個人緊緊抱在一起，摩西八十歲了，在哥哥姐姐面前，還像是受寵的小弟弟。

「現在，我們趕快出去，向大家宣佈好消息。」

大姐發號施令了，摩西、亞倫也懷著與神攜行的勇氣，再度集合眾人。

摩西就像沒有民意基礎的候選人，聲嘶力竭在台上宣揚神的救恩，米利暗、亞倫兩旁站台力挺，底下的群眾少數心軟：「再讓摩西試一試。」絕大多數希伯來奴隸掉頭而去，他們要上工，沒有閒工夫再聽「瘋子」胡扯。

有一個年輕希伯來奴隸，面貌俊秀、氣質俊雅，跑來見摩西。「摩西，你真的要再度進宮見法老？」

「是的。」

「你知道我們過的是怎樣的生活嗎？」

「我知道。」摩西回答。

「不、不，你不曉得，你一點都不曉得，你只憑你自己的高興，任意介入我們的生活，讓法老對付我們。」

摩西篤定地說：「相信神，耐著性子看神的作為。」

「摩西，你一點都不愛我們。」

年輕人噙著眼淚，丟下他的怨言就走了。

摩西的心還是好痛，但是神的話彷彿防彈背心，保護他不再有致命的內傷，他必須學習，不理會所愛的人的攻擊（因為他們不明瞭）。

在著名的一首詩〈沙灘上的腳印〉中，詩人夢見神與他攜手過人生，沙灘上處處有兩組腳印，一組是他，一組是神，但是，在詩人人生最艱困的時候，卻只有一組腳印，詩人問神：「祢在哪裡？」

神回答：「那組腳印是我的，我在揹你。」

32. 不可思議的蛇

在二次大戰期間，台灣被日本人統治，總督府下令，百姓交出金屬物品，補充軍需物資，因此，連小學生上學都是低著頭，一路尋覓鐵釘上繳。當年希伯來奴隸，就也是「低頭族」。

由於法老下令，草料是不發的，奴工的磚數卻得如數完成，否則，長官連坐受處罰。因此，平日高高在上，操著手指罵東罵西的工頭，一面鞭打希伯來奴隸，一面也得躬著腰，幫忙到處拔草，真是累慘了。

所以，不但希伯來奴隸怨聲不斷，埃及督工，站在一己的立場，也一片叫罵，甚至怪罪「都是我們埃及公主，八十年前犯了一個大錯，不該把摩西從水裡救起來，不過是個奴隸，死了就算了，遺禍至今。」

到處被罵的摩西，心裡沮喪到了極點，他從小就是人人歡迎的小可愛，現在成為被人厭棄的臭鼬鼠，殊不知上帝要用他，發出馨香之氣。正如同鼬鼠又名黃鼠狼，製出的毛筆稱為狼毫，是書法家最愛的上品毛筆。

摩西垂頭喪氣，他自言自語：「我愛每一個人，我愛希伯來同胞，我也愛撫育我長大的埃及人。可是，怎麼搞成這樣？」

耶和華的聲音出現了：「摩西，你站一邊去，現在看我的，這一回再進宮，你呢就吩咐亞倫，把杖丟在法老面前。」

於是，摩西的哥哥兼助理亞倫，兩人再度進入埃及皇宮。

法老老早就在等摩西了，一切都在他掌握之中，不是嗎？法老露出「總有一天等到你」的滿面笑容。

法老望著摩西兄弟倆，哥哥亞倫臉上滿是風霜，圍著一條簡陋的埃及人腰布，摩西更糟，一頭亂髮，落腮鬍子，身上還有羊腥味，簡直是垃圾堆中的遊民。摩西啊，摩西，當年可是迷死人的英俊小生，怎麼落魄到這等光景。

摩西一開口，倒是典雅、正確、流暢的埃及用語：「耶和華神命令你，釋放祂的民。」

摩西中氣十足，響亮如雷，整個宮殿都能聽見。

法老張開嘴巴，打了一個特大號的呵欠，不耐煩摩西再度挑釁。他瞇著眼睛，沒好氣地問道：「我為什麼要聽你的？」

摩西使個眼色給亞倫，亞倫就把摩西的杖，往地上用力一摔，嚇，竟然變成一條黑蛇，緩緩地向法老的寶座滑行。

法老愣了一下，扶一扶頭上的皇冠，冠上雕刻著眼鏡蛇——烏拉尤斯乃是守護女神「瓦耶特」的代表。埃及人相信，若有敵人攻擊法老，法老頭上的烏拉尤斯就會吐出毒液，置敵人於死地。法老心想：「好一個摩西，不知死活。」

埃及法術非同等閒：

埃及蒲草文件中還曾經記載，有一個厲害的術士用蠟做了一隻鱷魚，放入水中，鱷魚變活，還拖了一個人下水，等到術士把鱷魚拖上岸，鱷魚又變回蠟製的假鱷魚。這也就是為什麼，今天電視上魔術大觀的背景經常是埃及的人面獅身，埃及太神秘了。

法老拍拍手，㖠一㖠嘴唇，來了一群博士與術士，博士雖非今日之博士，卻也是能觀察星象的飽學之士。

於是，剎那之間，宮殿中到處全是蛇，人人毛骨悚然。

「看到沒有？希伯來奴隸，我們埃及向來不缺蛇。」

法老得意地狂笑著，忽然之間，他的笑容僵住了，摩西變出來的蛇張開口，活吞了一條埃及蛇，蛇會吞蛇不稀奇，奇的是摩西的蛇倒也不巨大，卻是不慌不忙，將埃及蛇一一吞入腹中，蛇的肚腹也沒有突起，還是細長的小蠻腰。

摩西的蛇吃完了蛇，眼睛一溜，又對著法老寶座滑行。法老的臉開始發白，人也站了起來。

摩西轉身對亞倫下令：「夠了。」

亞倫猶豫了一下子，不想這麼快放過法老，但是，還是乖順地彎腰撿蛇，立刻，蛇又變回枴杖，亞倫把枴杖舉在頭上，鄭重警告法老：「如果你再不順服上帝，當心這個枴杖會降災埃及。」

法老當然還是不答應。

埃及術士為什麼能變出蛇？一種當然是所謂變魔術，障眼法就像我們尋常見到的，魔術師一甩手帕，鴿子飛出。

另外一種，乃是天地之間，真的有其他空間的存在物，不是人死後變鬼，而是靈，即愛因斯坦提出的四度空間。

舉一個最簡單的例子，廟裡的乩童，有時是借酒裝瘋，表演一番，也有些的確可以「算出」一個人的生辰八字、父母年歲、職業、姓名、人生過往歲月，因為有邪靈附身，也才有鐵板神算。

邪靈又是怎麼來的？從《聖經》的觀點，乃是墜落的天使，最著名的該算是〈創世記〉中的蛇。

上帝創造了亞當、夏娃，一男一女在伊甸園中好不開心，耶和華神囑咐亞當：「園中任何果子都可以吃，就是不可吃分別善惡樹的果子。」這不是上帝不讓人有這種能力，而是吃了禁果以後，人自以為具有辨別道德上的善惡的能力。

後來，撒但魔鬼的靈降臨在古蛇身上，蛇竟然就能開口，引誘夏娃吃了禁果，夏娃也給亞當吃了。從此，人類有了罪，不再肯聽神的話，自作主張，自以為聰明，卻是被撒但擺佈而不知。

因此，法老也是被邪靈捆綁卻不明白，他譏嘲摩西是在太歲頭上動土，殊不知神是靈，是創造萬物的靈，神正準備「以靈制靈」教訓法老。

33. 超能力的來源

西元一七九八年，法國的拿破崙曾經企圖佔領埃及，卻受挫於英軍，但是，他留下一批學者團隊，完成一本《埃及圖說》的巨著，在書中第一頁，拿破崙命令設計師，將他的名字第一個字母N與埃及聖蛇結合構圖，成為一個標幟，表示他也和法老一般具有神性。

由此可知，當年摩西的手杖，竟然變成巨蛇，一一吞吃法老術士變出來的群蛇，法老的皇冠上還有蛇的圖樣，這真是上帝藉著摩西的手，對著法老當頭一棒。

原先看不起摩西的希伯來人，立刻有了一百八十度的大轉彎。

「摩西，你是神。」「你的手杖的確具有神力。」一群希伯來人跪在皇宮門口，恭敬地迎接摩西。

「不，我不是神，在宮中擲杖的也不是我，而是亞倫。」

民眾一聽此話，又有不少人搶著跪拜亞倫，「啊，原來亞倫是神，我們以前不知道。」

亞倫急忙推開百姓，「別開玩笑，是耶和華神命令枴杖變成蛇的。」

這下子許多人又擠過來，搶著要看摩西的杖，摩西沒好氣地說：「這只是我在曠野路上，隨便撿的人家不要的手杖。」

但是，百姓仍然露出面對「神木」的敬虔表情，希望偷偷摸一下神杖。

其實，神是靈，上帝可以使用任何自然現象、人類與生物。因為萬物全是神創造的。只是，人看不見神，神的亮光乃人眼無法直視，《新約聖經》中的保羅，因為看到耶穌，眼睛就瞎了三天，還是靠著耶穌顯靈，才又復明。

上帝還創造了許多天使，上帝差遣他們來幫助需要拯救的人。但是有些天使，不守清規，就成為撒但，又稱魔鬼、邪靈，也具有人類所不及的能力。從《聖經》的觀點，人死後靈魂或上天堂或下地獄，不會變成鬼，我們以為的一切靈界、膜拜的一切偶像，全是撒但作祟。

許多人歡喜算命，無論東方的半仙、或是西方的星象家，都有一個共同特徵，他們算過去的事很靈驗，未來的預卜都難說，這都是因為與撒但接觸，彷彿生出第三隻眼睛，其實是小鬼一旁指引。

科學家曾經找來許多孩子，蒙上眼睛，伸手去摸黑袋子中的紙片，據孩子表示，有時就有「靈光乍現」，突然「看到」紙片上的數字文字，殊不知天地之間，充滿了撒但的靈，努力追求神通，是很危險的一件事。所以《聖經》之中用「交鬼」形容通靈，就是怕人被撒但引誘。

埃及所有神，全是埃及人自己想像出來的，並且授以各種名稱。只要一個人全心全意拜任何東西，活的、死的，撒但就會附在其上，左右一個人的心思意念。法老當然也是被撒但控制，他完全看不出，上帝給他悔改的空間。

耶和華逼不得已，又下令摩西：「明天一大早，法老前往尼羅河邊，你去迎接他，並且警告他，若是不放希伯來奴隸，尼羅河的水將變成血，魚必死河必腥臭。」尼羅河乃埃及農業發展的重要水源、生命之泉，也是埃及人崇拜的對象，法老也恭恭敬敬地敬拜河神哈比，因此，第二天，摩西、亞倫很容易見到法老大規模的陣仗。法老的侍從阻止他二人進入禁區，法老拜完了神，看見了摩西，不耐煩地問：「你又有何貴幹？」

摩西重申上帝的命令，法老不耐煩道：「請讓我耳根清淨。」話沒說完，亞倫生氣地舉起杖，用力拍打尼羅河的水，哇！一剎那之間，整條尼羅河染得通紅，全是人血，魚群也立刻肚皮翻上，一下子死光光。

埃及民眾不相信自己眼睛看見的，個個大叫：「救命！」有那機警的立刻嚷叫：「去小池小河打水備用，不然沒得吃、沒得喝、沒得洗。」埃及人一向愛乾淨，真是嚇壞了。
於是，埃及人民紛紛回家搬出大桶水盆，準備儲水備用。當他們準備儲水之時，訝然發現，糟糕，災區擴大，所有江河、池塘，一切水源全被染紅。
如果那時有電視新聞，一定播出，最新消息：「天空頃刻降下，包括樹木的汁液、岩石地帶的水井，甚且木器、石器，全是血，全是血，整個埃及受到全面污染，原因不明，法老王設法處理之中，呼籲民眾不必驚慌。」
民眾怎能不驚慌？舉目全是血，一會兒血凝成血塊，空氣之中全是腥味，魚屍腐爛發出陣陣惡臭。沒有食物，還能捱上幾天，沒有水，埃及又熱，不能煮食，不能洗手洗澡，簡直不能活。
於是，埃及民眾像發瘋一般，在尼羅河兩旁挖土，希望從土裡擠出一點水來，他們從來沒有想過，水資源是如此如此珍貴。
法老呢？法老當然很生氣，他召來術士：「想辦法啊！」
術士們求這個神、那個神，竟然也變出一點血，興奮地捧去獻給法老：「請法老過目，我們也能將水變血，不讓摩西專美於前。」
「笨蛋，現在要緊的是，趕快讓尼羅河的水成為清澈，血已經夠多了，還用你們再變血？」

滾滾尼羅河全是血，術士一籌莫展。

奇怪的是，希伯來人居住的歌珊地，幾百口井照樣純淨甜美，所謂的自然災害，照樣掌握在神的手中。

一個星期過去，漫長難捱的七日血腥之後，神的手一伸，一切恢復原貌，上帝又給了法老悔改的機會。

法老見沒事了，又放心回去睡覺了，無視於上帝的警告。

34. 蛙神

緊接下來的第二災，上帝用了青蛙。為什麼是青蛙？從自然觀點乃是魚死水臭，青蛙被逼上岸；另一種觀點則是，青蛙乃是埃及重要的神。

上帝就是中國人所謂的老天爺，神創造了人類，乃唯一真神。然而人又憑自己想像力，製造了各種神，當人專心膜拜之時，邪靈撒但依附其上，也有若干靈力。人們也就樂此不疲、不斷生產，並且依照不同民族大量造神。

因此，中國就有《封神榜》，甚且豬八戒、孫悟空都上了榜。台灣有一位連續劇的編劇，赧然地回憶，他在電視劇中筆下所編撰的神，過了沒有多久，竟然在某地方的廟宇中出現，善男信女虔敬跪拜，讓他不勝訝異。

由於各地的神由各民族創造，所以希臘的神，特別歡喜談戀愛。古埃及富饒繁華，更需眾神圍繞，才有安全感，蛙神也是其中之一。

我們觀察青蛙女神，實在不怎麼美麗，牠芳名赫凱特，乃是蛙頭人身，埃及人打扮的女性。埃及人崇拜尼羅河，愛戴尼羅河神，對於每年固定出現在尼羅河，嘓嘓叫個不停的青蛙，情有獨鍾。青蛙幼時為蝌蚪，水生，以草為食，成體陸生，以蟲為食，以肺呼吸，咽喉兩側有聲囊，發聲時有共鳴作用。

由於青蛙能週期活動，循環不已，因此，舉之為神，代表生生不息。埃及人還為赫凱特找了一位丈夫，名叫克奴姆，克奴姆能製造泥偶，赫凱特則能賦泥偶生命，於是青蛙女神成為孕婦的守護神。埃及民眾在象牙匕首上刻著赫凱特，相信牠能不斷地重複生命，且是皇族貴冑最喜愛的神明之一。

耶和華神派遣摩西去見法老，警告他：「你若不讓我的百姓離開埃及，我一定要讓青蛙糟蹋你們的四境。」

「青蛙嗎？嗯，赫凱特，我愛她，你一定要注意，赫凱特的雙手可都拿著安卡。」（古埃及護身符的標幟。）

法老一派輕鬆地瞅著摩西，他心裡想：「摩西啊，你上一次變個血出來，又不是死了人的血流成河，不過是討人厭，我們埃及人生命、牲畜全不受影響。」在法老看來，這些血就像電影（那時候當然還沒有電影）中假的血漿一樣，怕人但廉價，不需大驚小怪。

既然法老置之不理，上帝一出手，尼羅河裡一下子塞滿了數不清的青蛙，咯咯咯一起跳上了岸，身上彷彿裝了電池，跳進所有人的房屋。

「嗯，赫凱特，妳怎麼跑到這裡來了？」埃及人某甲準備睡覺，忽然發現一隻青蛙，他憐惜地捧起牠，扔向高處，「回到河中，乖乖。」

不料，才扔了一隻出去，一會兒，滿床全是青蛙，興奮地叫個不停，趕也趕不走，一心一意要與某甲和他妻子一同度過不寧靜的夜晚。

某乙一早起來，摶麵做餅，突然之間，來了幾隻青蛙，不曉得從哪兒竄出來的，撲通一聲就入了麵糰，身上全是爛泥，這還不打緊，一會兒，青蛙拉屎了，開始排泄了，某乙大聲喊叫：「你們把我的麵糰全毀了，這還怎麼吃！」氣得把整團麵扔入垃圾桶，偏偏垃圾桶中又冒出新的青蛙，真讓人發瘋。

某丙正在洗澡，突然背上癢癢的，一抓，一隻青蛙，黏黏的、腥腥的、臭臭的。他急急抓起來扔掉，可是，頭上又來了青蛙，一隻、兩隻、三隻，分別擔任高低中音，又盡情地唱起青蛙之歌了。

某丁在爐上生火，突地，跳來幾隻青蛙，他嚇得把火滅了，喃喃自語：「算了，今天餓一天。」

中國讀者看到這兒，一定會說，這麼多青蛙，不如宰了吃掉。根據已故美食烹飪專家，我親愛的媽咪馬均權女士所著的《馬均權經典食譜800種》（台灣商務印書館發行），田雞的吃法就有青椒杏桃、冬瓜田雞湯、黃燜田雞、茉莉田雞……等一、二十種做法。田雞是青蛙的一種，埃及種的青蛙一定也可以成為一道佳餚。

問題是，青蛙乃女神，不可責，不可吃，只能供奉，埃及人被自己的神擊垮。埃及人一向愛乾淨，一天要洗幾個澡。青蛙不咬人，不可怕，卻是討人嫌，從早到晚嘓嘓不停，全是噪音，高分貝；滿屋子跳來跳去，帶著泥巴，到處破壞，而且臭，一大群青蛙臭起來叫人作嘔。皇宮也不例外，上上下下都要抓狂，而且數目愈來愈多、愈來愈多……

法老找來摩西：「趕快，趕快趕走青蛙。」

「為什麼不找你的術士代勞？為何不求埃及神明，埃及的各種神廟都大開著？」摩西凌厲地問著法老。

這時的青蛙已經多到無法計數，牠們不禮貌地爬到法老腿上，鑽入他的外袍內衣，法老一面抓癢，一面哀求：「哎，請耶和華神開恩吧！我會讓希伯來奴隸離開。」

「請問法老，你希望在什麼時候呢？」

「明天。」

「好，就明天，你好知道沒有神像耶和華。」

第二天，所有青蛙，同時間，立刻倒地身亡。《聖經》中說：「不是依靠勢力，不是依靠才能，我的靈方能成事。」

上帝是輕慢不得的啊！

35.法老鬥天

許多人常問一個問題：假如這世界有上帝，為什麼還有那麼多災難？神不是萬能的嗎？不是慈愛的嗎？

災難是從哪兒來的呢？災難可能是自己種下的，也可能是旁人製造的，或撒但魔鬼興起的，甚且災難會是上帝降下來的，例如中國過去的父母，斥責孩子的不孝，常會警告道：「小心天打雷劈。」天就是上帝。

上帝為什麼要降下災難？一個最主要的原因是，祂要使我們成為更好的人，活著有希望，死後有資格上天堂。

上帝製造的人類，卻不是那麼想聽話。亞當、夏娃吃了分別善惡樹的果子以後，被趕出伊甸園。上帝並不是不要人類學會分別善惡，而是不要人用自己的立場、角度去辨別是非善惡，可是人總想自己下決定，我說了算，罪性就長出種種罪行。

譬如法老，他日日夜夜沉醉在「法老是拉，拉是法老」的歌頌聲中，他真以為他是神，根據埃及人頒行的埃及法條，他下令虐待奴隸、逼迫希伯來人是合法，希伯來奴隸抗命是違法。上帝創造人類之時，放在他心中的天良，老早被自私自利蒙蔽了。

上帝審判人，一直用《聖經》的標準，絕非某國某時刻單獨的律法，例如新加坡以前不准吃口香糖，神卻是用放諸四海皆準的普世原則。

神愛世人，上帝也愛法老，也愛埃及人。祂使用摩西，讓尼羅河的水變成血，青蛙爬遍埃及，希望扭轉法老的心意，祂還是不忍心傷害埃及人，卻又不能不讓埃及人明白，祂是神，不只是希伯來的神，而且是全人類的神。

耶和華神對摩西說：「你去告訴亞倫，伸出你的手杖來擊打塵土，使塵土變成蝨子。」

自從摩西「變出」青蛙之後，法老就派了嘍囉盯住摩西，看看他們究竟在施什麼法術。

嘍囉看到亞倫認真地，鄭重其事舉起杖來，對著尼羅河的土地這麼一打，塵土上揚，剎那之間，化為數不清的蝨子，太稀奇了。

嘍囉趕緊入宮，飛報法老：「不好了，亞倫把塵土變成蝨子了！」

「噢，愈玩愈小了，蝨子不是小蟲子嗎？比青蛙還小，畢竟是希伯來的神。」法老不屑地批評。

嘍囉突然間擠眉弄眼，開始跳扭扭舞，勉強站住，又顯出坐立難安。「你怎麼回事？」法老喝斥。

嘍囉還來不及回答，法老開始用手抓頭，「癢啊，癢啊，癢得受不了。」

太監、宮女扶法老回到內宮，開始幫他抓蝨子。為了避免頭蝨，埃及人多半理個大光頭，怎麼頭上會有蝨子？不僅頭上，全身都長了蝨子，內衣內褲裡全是。太監、宮女們也人人中獎，一手抓自己的蝨子，一手幫忙法老除蝨。蝨子不是很容易看得見、抓得著，何況蝨子正以可怕的速度十倍、二十倍、三十倍蔓延開來，整個埃及，不論男女老少都忙著癢癢癢抓抓抓。

一九五〇年代的台灣，衛生狀況不是很好，許多中小學生，男生都剃光頭，帶大盤帽，避免頭蝨。小學女生，則是經常由老師負責檢查，誰要是頭上長了蝨子，老師就用一種化學藥品ＤＤＴ，對著頭噴灑，消毒之後，還要綁上一塊大花布，這個小女生就頭昏昏上一天課，其他同學也會自動保持距離，以策安全。

蝨子分為頭蝨、體蝨、陰蝨，多半因環境產生，埃及皇宮一塵不染，燦爛輝煌，潔淨的高級床單上卻爬滿了蝨子，法老用水洗、用風吹都沒有用，蝨子的爪子細細地、牢牢地囓食身體，眼皮睫毛中、耳朵裡、腋窩下、腳趾頭縫隙裡，蠕蠕自由地活動。法老氣急敗壞，「明早，祭司趕緊向神明稟報。」

法老一夜未眠，心中沮喪。

第二天，臣子前來報告：「不好了，祭司無法入神廟。」

「為什麼？」

「因為，祭司身上有體蝨，依規定不得入廟。」

祭司也者，何等尊貴，他們一天洗三次澡，三天刮一次毛，如今全身染蝨，動彈不得。彼此互相抓癢，彷彿兩隻小猴子，或是抓耳搔腮，像是孫悟空，猴子總是東蹦西跳、毛毛躁躁，顯得不安分，原因之一是猴子皮膚薄細，蝨子全身爬，癢得受不了，值得同情。

祭司們平日衣冠楚楚，道貌岸然，癢起來也顧不得儀表，東抓西抓，皮膚破爛，蝨子在傷口處繼續漫遊，教人發瘋。

埃及的動物受到尊敬，奉之如神，同樣無法倖免於難，集體染上蝨病。

法老急急找了術士來，術士們研究了半天，依然變不出蝨子來。

看過魔術的人都知道，魔術師會變出猴子、鴿子來，卻從來沒有可以變出一群蝨子來，愈小的動物，愈不聽使喚，無法配合演出。

術士們黔驢技窮（這句成語出自唐朝柳宗元，乃指貴州地方原本無驢，有一好事者，用船載來一隻，卻發現無甚用處，丟在山下，老虎見到，以為是神。有一天，驢嘶吼，老虎嚇得以為驢要吃虎肉。等到老虎聽慣了驢聲，開始接近，驢氣得一踢蹄，老虎發現不過爾爾，撲向驢喉，大嚼驢肉）。

術士們發現，與上帝相比，自己彷彿那隻笨驢，埃及的神也比不上上帝，乖乖俯首承認：「法老啊，這是上帝的手指頭，我輩無能。」

耶和華不輕易發怒，祂忍耐法老作惡四百年，無論海水變血，青蛙遍地，乃至埃及人發癢，總還是點到為止。

上帝在等待，等待法老，等待我們每一個人認罪悔改。

36. 埃及的太監

太監不是中國的專利，古代許多國家，波斯、埃及都有太監。太監是被閹割的男子，斷絕了生育能力，可以確保帝王血緣的單純，也沒有謀取王位的能力，帝王最為放心，也最容易親近。

埃及法老也不例外，他敞露著身子，讓太監、宮女幫他抓蝨子。他問太監卡特普：「難道我該放走希伯來奴隸？」

「當然不可以，法老是拉，拉是法老。」卡特普誠惶誠恐地回答。拉是埃及神明。以前中國的小皇帝即位，老太監經常囑咐小皇帝：「萬歲爺什麼事都可以做，就是不能認錯，一認錯，在臣子面前就喪失了威嚴。」

太監這麼奉承巴結，當然是為了討好萬歲爺，這也是宦官換來千古罵名的原因。換一個角度來看，太監也可憐。當人類不認識造物主、不在上帝面前謙卑，當一個人力量強大的時候，往往用最不人道的方式對付人。太監是被關在宮裡的，無期徒刑的人犯，永遠沒有假釋交保的機會。他為了圖謀生存，補償自卑，總是不斷進讒言……

法老正了一正臉色，繼續倔強地提醒自己：「不能低頭。」他盡力忍耐著巨癢，吩咐道：「叫廚房準備一串烤羊肉吧，多加一點孜然香料（埃及名產）。」他想解解饞也換換心情。

一會兒，太監端上來一盤香噴噴的烤肉，這是法老的最愛，他拿起串燒，正往嘴裡送，突然之間，法老看到居然有蒼蠅正停在串棍上，他生氣地一摔：「埃及皇宮裡，怎會出現蒼蠅？」更誇張的是，旁邊一盤紅豔豔的西瓜上面，竟然有隻蒼蠅正好整以暇地搓著腳，太不恭敬了。

太監著急，用手一揮，大力一拍，蒼蠅死在西瓜皮上，竟然排出許多蛆。法老一陣噁心，立刻站了起來，「我從小到大，從來沒有看過這麼髒的東西，趕快撤下去。」

「嗡嗡嗡」，法老耳朵旁邊，響起了嗚聲，他抬頭一望，腦袋上面蒼蠅盤旋，他張大嘴巴「啊」地一叫，一隻蒼蠅飛入口中。「呸呸呸！」法老趕緊把蒼蠅吐出來，頹然地癱在椅子上。

「糟了，希伯來神又來找麻煩了。」法老心中暗驚。

如果從自然的骨牌效應觀察，由於尼羅河氾濫，大量泥土、細菌沖入水中，造成水中缺氧，魚類暴斃，青蛙被迫跳上河岸，帶菌的青蛙跳到牲畜身上，產生蝨子，屍首腐化，引發蒼蠅，這也沒錯。

不過，真正的原因是神愛世人，包括法老、太監、埃及人、中國人、任何人。法老走到岔路，上帝就像智慧的父親，他不得不管教兒子，重重舉起，又不忍心地輕輕落下，蒼蠅比起蝨子，更討人厭，卻也並非毒蛇猛獸。

法老尋思，如果真是希伯來神所為，難道，希伯來奴隸居住的歌珊地，竟然倖免於難？

法老有了吃蒼蠅的經驗（中國菜中倒真有一道蒼蠅頭，用豆豉韭菜頭大火炒，香辣開胃），他一手摀著口，用來擋蒼蠅，一面下令：「快查，去歌珊地一探究竟。」

歌珊地是尼羅河三角洲的東境，乃約瑟當年自以色列下到埃及之時，約瑟指定給他們住的地方。「歌珊」不是埃及文，乃希伯來文，原意是邊疆，草豐水多，瓜葉豐足。

法老侍衛趕到歌珊，嚇了一跳，彷彿天空之中，降下一道隱形的玻璃門，這一邊，蒼蠅環繞；另一邊，明亮淨光。侍衛對著鼻頭上的蒼蠅詢問：「親愛的蒼蠅，你們長了眼睛，奉了聖旨嗎？」生平第一次，侍衛羨慕住在歌珊的希伯來奴隸。

折騰了一天，法老飢腸轆轆，全埃及陷入蒼蠅大災。他嘆了口氣，無奈對太監卡特普道：「只好找摩西來了。」

「反正只是騙騙他們，暫且應付過去。」

「說得也是。」

一會兒，摩西、亞倫入宮，法老也沒解釋上一回出爾反爾的事，只淡淡地說：「你們就在這埃及地，祭祀你們的神吧。」法老心想，等到這一關過了就好了，希伯來奴隸可別真走遠了。

摩西搖搖頭，「不行，埃及人一向厭惡希伯來人，連吃飯都不肯共桌，因為希伯來人是牧養牲畜的。再說，埃及人敬拜牛，希伯來人要用牛獻祭，獻給他們眼睛看不見，卻無所不在的神，這非出亂子不可。」

埃及人因為不明白，萬事萬物由上帝創造，因此日月星辰、雷電風雨、動物植物，樣樣都拜。公牛被認為與法老相似，代表力量，孟斐斯地方有一大片神牛墓，埋葬一些何匹斯聖牛。

聖牛何等尊貴，不但披上金閃閃的毛毯，還匹配雌性幼牛為伴侶，經常被打扮得光彩耀目，在宗教節日中被人膜拜。最奇特的是，死後有告別日，製成木乃伊，放入特製墓中，以鍍金的面罩、珠寶陪葬，待遇等同法老。

法老自己對公牛，也有一分特殊的感情，他聽摩西搬出這個理由，心中極為反感，但是，眼前有求於人，不得不擠出笑臉答應：「好啊，我答應你們，走三天路程，祭祀你們的神，只是，別走太遠了，求你為我們祈禱。」
摩西一派溫和道：「只是法老別再詭詐。」
「我是法老，君無戲言。」
摩西一走，法老問太監：「趕走蒼蠅之後，我還真放他們走？這只是兵不厭詐。」
太監立刻送上馬屁：「法老英明。」

37. 為仇敵禱告

多少年來，摩西踩在沙漠的土地上，發出窸窸窣窣的聲音，沙土彷彿希伯來的奴隸，挨打挨罵受鞭笞，沒有還嘴的權利，只在烈日之下，發出微弱的泣聲，求天開眼。

今天，上帝真的聽見了，埃及全面蠅災，惟有希伯來人的歌珊地，在奴隸晚上回家之後，還能享受一片乾淨西瓜，沒有蒼蠅叮滿的恐怖畫面。

摩西看到一個希伯來的小男孩，吃完了西瓜，嘴角上還有紅紅的殘汁，累了，漸漸靠近母親，自然而然，枕在母親的膝蓋上，躺下來，睡著了，進入甜蜜的夢鄉。

小男孩好可愛，摩西合十，希望他長大不要子繼父業，又成為奴隸。

除了摩西，也有許多希伯來人發現了這個奇特的景象，上帝在歌珊地，設下了隱形的金鐘罩，默默保護他們不受蠅災。人們禱告著，感謝著，甚且趴了下來，親吻這一片土地。

亞倫接近了摩西，悄聲問：「你想，法老會放行嗎？」

「以他過去的紀錄看來，不容易。」

「那我們下一步怎麼辦？」亞倫碰一碰摩西，暗夜之中，兄弟們心在一起。

「我要為法老禱告。」

「什麼？」亞倫一下子站了起來，聲調提高，「摩西，你是不是頭腦發昏了？法老這種混蛋，你知道埃及監工怎麼對付希伯來奴隸嗎？我告訴你，隔壁的革順，那個老頭，被鐵管打得鼻孔、嘴巴、耳朵，全是鮮血，眼球轉成了白色，監工繼續打，繼續打，最後老人家滿頭滿臉全是血趴在地上……死得不如豬狗……噢，他們不是人。」

「我在這魔窟裡待久了，你不會懂得的。」亞倫這個大男人，忽然之間，掩住自己的臉，痛哭流涕，整個身軀劇烈地搖晃著。

「我知道，我知道，亞倫啊，我還為此，殺了一個埃及監工，逃到曠野四十年，你難道忘記了？」摩西輕輕拍撫著亞倫的背。

「那你為什麼還要為法老禱告？再說，他又不是希伯來人，他信他的埃及神，為他禱告有什麼用處？」亞倫火冒三丈，對摩西感到不滿。

「亞倫，你耐心聽我說，自從我聽見上帝說話，經歷一連串的神蹟，我對整個世界看法完全不一樣了。亞倫，我們可以為任何人禱告，重點是後面接什麼。這才是重點。我當然不會禱告，法老加倍虐待希伯來奴隸，而是希望神帶領他，讓他懺悔，放我們一馬。」

「哼，說得很好，如果法老不聽呢？如果他一而再、再而三說話不算話呢？」

摩西不發一言，牽起亞倫的手，離開歌珊地，到了尼羅河畔，到處都是蒼蠅，滿天滿地嗡嗡嗡，一位少婦端著一碗小扁豆湯——這是用紅色小扁豆煮成的湯，配上檸檬片，埃及很普遍的食物——餵小孩，湯上停滿了蒼蠅，做媽媽的用手拚命揮，拚命趕，卻驅之不去，小孩子餓了，哭個不停……

全世界的小孩子，都是可愛的，他們有一張無辜的臉，一雙純真的眼睛，哭起來特別惹人憐，摩西、亞倫兩個大男人看著他，心裡也酸酸的。

「親愛的亞倫，這是天譴，伸冤在主，上帝已經在懲罰了，法老如果不回頭，全埃及都遭殃了。」

「埃及有許多可惡的、該死的，但也不是全部，女人、小孩也很無辜。」

「是啊，你願意與我一起為法老禱告嗎？」

「你開口吧！我不知道如何為仇敵禱告。」

「親愛的上帝，求祢伸出大能的手，消滅蠅災，並且引領法老實踐諾言，讓希伯來人離開埃及。」

上帝垂聽了摩西的禱告，滿天蒼蠅消失無影蹤。法老卻死皮賴臉，不肯守約。

《聖經》裡有一句神的話說：「我知道我向你們所懷的意念，是賜平安的意念，不是降災的意念，要叫你們末後有指望。」即使對法老，上帝仍然不忍心下重手，所以，他吩咐摩西進宮對法老說：「你若再固執，你們的馬驢駱駝牛群羊群，全部染上瘟疫，你明天等著瞧。」

第二天，埃及的牲畜全部暴斃，正如今天社會爆發大規模的口蹄疫、禽流感一般，只是大部分的埃及人，與我們現代人一般，只在衛生條件上做文章，不會反省，是否惹怒了上天。

法老倒是心知肚明，希伯來的神，顯然不只是希伯來的神，祂的能力照樣在埃及運行。

法老下令：「去查查歌珊地的牲畜如何，快快回報。」

立刻消息回稟：「歌珊地的牛啊、羊啊，好得很，一隻也沒死沒病。」

法老哼了一哼鼻子，不高興地說：「好啦，我知道了。」

亞倫呆呆地望著一頭健壯的牛，低頭吃著青草。他對摩西說：「現在，我了解你說為敵人禱告的道理，這兩天，我也試著為法老祈禱，奇怪，心裡平靜多了，即使法老再三食言，我也不生氣了。主權是上帝，我們就等著看祂的作為吧！」

弟兄二人奇異又豐富的人生經歷，彷彿一條成長曲線，交織成深刻的共鳴。

是的，誰都可以為敵人禱告，重點是禱告什麼。

38. 洩露天機

一個人的命運是誰決定的？是人？是天？自有人類以來，人們就會為此困惑、好奇、爭論，想要一探究竟。

亞倫問摩西：「法老一次一次答應，釋放希伯來奴隸，卻又再三食言。接下來，耶和華神會怎樣對付他？」

「這個我也不知道。但是，我了解，法老早學乖、早受教，少災禍。正如同孩子們若聽話，父母也不會責罰他，都是一樣的道理。命運實在是天人感應，交會而成的。」

摩西的領悟，正是《聖經》的教誨，不過，魔鬼撒但也想左右人的命運，於是，魔鬼常藉著人們對未來的不安，掌握一個人的靈魂。

從前，有一個少年俠士，拜師學藝，三年有成，躊躇滿志下了山，遇見一個半仙。

「小兄弟，你父親姓張，母親姓李，哥哥屬豬，妹妹屬雞。」半仙瞇著眼笑。大凡算命的，若非信口胡謅，就是邪靈附身，有本事看到過去，卻無法準確預測未來。

少年人一聽愣住了，嚇，這算命的還真靈，連我家小妹屬雞他都知道，立刻露出欽佩仰慕的表情。

「沒錯吧？我告訴你，人生全是命，半點不由人，未來十年，你，將用你腰間這把劍，親手殺死你不共戴天的仇人。」話說完，半仙拍一拍少年人的佩劍，揚長而去。

少年人趕緊奔回家，請問父親：「我們張家可有血海深仇？讓晚輩效力。」

「我們世代務農，忠厚傳家，沒有仇人。」張伯伯平靜回答。

少年人對半仙算出的命運深信不疑，既然祖先無仇人，只好靠自己尋訪，十年下來，看到誰都在暗自猜想：莫非，這就是我命中注定的仇人？偏偏又找不到下手的理由，為此，白日煩悶，夜間失眠。

十年大限已到，冤仇未雪，仇家在哪兒也不曉得。一日，走在山間，遠遠看到當年指點迷津的半仙，一肚子的火霎時爆裂，少年人箭步向前，揪住半仙的衣襟，生氣地說：「就是你這個傢伙，害得我天天尋訪仇敵，一事無成。」

轉念一想：咦？遠在天邊，近在眼前，原來，半仙就是真命仇敵，既是命中注定，少年人毫不遲疑，拔出佩劍，來了一個穿心過。

這是半仙的話果然應驗了呢？還是少年人潛意識中被半仙指引？在《聖經》之中，半仙一類的，通稱為「交鬼」——與魔鬼相交，是耶和華神所厭惡的。

接著，上帝指示摩西下一個步驟：「你與亞倫去取幾捧爐灰來。」

埃及遍地灰塵，何必要去取爐灰？他二人聽從指令，到了希伯來奴隸燒磚的窯洞。埃及在非洲，多半使用太陽能自然日曬，但是，也有採用窯燒，希伯來奴隸在熊熊烈火中工作，人也彷彿被吸乾了的磚頭，僵硬而沒有生命。

他二人迅速地捧著爐灰往前走，心中充滿對同胞的惻惻同情，有悲愴，也有歡愉。亞倫說：「這些灰塵代表我們要反抗暴政。」

摩西說：「灰燼能有什麼用呢？想我老人家，八十歲了，不也是灰燼嘛，神竟然要這麼使用我，真是太抬舉我了。我們兩個人，加上一捧灰燼，就看神如何化腐朽為神奇吧。」

上帝說話了：「這些灰要在埃及遍地變為塵土，無論是人、是牲畜，身上要起疹子，長膿瘡。」

在摩西、亞倫前往皇宮的同時，術士們正在寬慰法老：「不要再擔心摩西了，除了蒼蠅叮一叮，牲畜生點病，我算過了，他們神的氣數也就到這裡了。不像我們埃及，我們有獅頭人身的女神沙何美，她會降皮膚病，也會醫治。」

術士通靈兼胡扯，擅長察言觀色，口若懸河講了一堆，法老心花怒放。

法老正開懷暢飲，享受美酒，不速之客的摩西、亞倫又要求晉見。

「法老不必理會摩西。」術士建議。

法老儘管喜歡聽術士令人舒服的話，有了前面幾災的經驗，他也知道不能不見摩西。只見摩西、亞倫二人，臉色鐵青，進入宮中，一言不發，張開手心，一揚，手上的塵土四處飛揚。

「這是皇宮啊！希伯來人，你懂不懂衛生？」術士不滿地抗議著，忽然「啊」的一聲，幾位辯才無礙的術士，同時膝蓋一軟，跌倒在地。

「怎麼回事？」法老驚呼。

原來，術士們身上，突然之間，不約而同染上嚴重的皮膚病，從頭頂到腳底，全身潰爛，又痛又癢，沙何美女神也救不了他們。

在埃及生瘡是常事，這種瘡可能也與患大痲瘋有關，是一種致命的毒瘡，正如同「香港腳」是特產於香港的濕氣疹一樣。

古往今來，張鐵嘴、李半仙算來算去，算不到自己的命，而且通靈者通常命運多舛，多災多禍，因此，經常自我解嘲，此乃洩露了天機也。

人的靈原與上帝相通，亞當犯罪之後，人與神隔絕，一不小心，與其他邪靈相混合，也許開了天眼，看到了一般人看不到的古怪東西，或是練了氣功，走火入魔，產生靈異現象。通靈者自遭其禍，被算了命的，經常愈算愈薄。

難怪，上帝要處罰具特異功能的術士。

39. 搶救天子

中國人有一句著名的成語：「殺雞儆猴」，這一句話，出自於《官場現形記》一書，意思是說：「拿雞子宰了，那猴兒自然害怕。」

因此，上帝藉著摩西的手，揚起爐灰，當著法老的面，讓他所信任的術士們，身上長滿了毒瘡，不無殺雞儆猴之意。

不過，法老可不是普通的猴大王，他舉起手臂，得意地撫摸著光滑如絲的皮膚（埃及人愛剃毛、擦乳液，男人也不例外），一副老神在在的神氣。法老本來也是神，希伯來是賤民的意思，法老豈是輕易被鬥倒的？

任何人的心思意念，上帝完全察覺，所以祂吩咐摩西去對法老說：「你快容許希伯來人離開埃及，因為我會用瘟疫攻擊你們，讓你們知道，普天之下，沒有像我的。」

法老漫不經心地玩著手上的戒指，上帝忍不住斥責：「我讓你還活著，是要讓你知道我的大能，使我的名傳遍天下，你還是這般自高自大嗎？」

法老如此可惡，上帝為何遲遲不除滅他，省去不少麻煩？這是有道理的。因為他是國家領導人，一身繫國家安危，莫說是古代，就是今日民選總統，人民除了數年一次的投票，也只能任由領袖決策。在中國古代，許多忠臣冒死犯諫，今天人視之為愚忠，其實，忠臣是心繫天下百姓安危啊！

中國人很早就認識上天的威力（雖然沒有直接信仰上帝），也了解天人感應，皇帝失德，會帶來天災人禍的道理，例如唐德宗昏庸無能，藩領叛亂，建中四年，涇原軍（來自涇州、原州的軍隊），支持中央，經過長安，德宗犒師，竟端上腐餿爛食，軍士們凍寒交逼，在京城叛變，德宗倉皇逃離，哀哀嘆氣：「這是天命。」

翰林學士陸贄出來說話，他認為這是上天出了手，不過非因天命，乃是「陛下應該痛自改過，效法夏禹商湯，罪己勃興。」他並且代擬了〈罪己詔〉，就是下一個詔書，向上天及人民懺悔。

這一篇歷史上著名的〈罪己詔〉一出，武夫悍卒感動落淚，老天爺也停止天災，但是，等到災難過去，德宗又開始鼓勵臣下日進、月進，就是每日或每月孝敬，也逐漸疏遠討厭陸贄。

好，回到埃及，上帝顯然也是巴望法老下〈罪己詔〉。但是，法老依舊硬心。

上帝藉摩西的口對法老說：「明天，就在這個時候，你就會看到，從埃及開國以來，沒有見過的大冰雹。」

法老依舊一副愛理不理的死樣子。

上帝很可愛，一面不得不下重手，一面又捨不得地警告：「你趕快打發人，把你的人民牲畜趕到屋子裡來，否則必死無疑。」當然，這也在提醒法老，明天不宜去尼羅河沐浴賞玩。

法老心中不可能不嘀咕，自己也知道，明日主凶，不宜外出，但是，卻也沒開口，發佈緊急警報。

倒是有法老的臣子，經過前面的教訓，知道摩西不是在開玩笑，回到家中，再三告誡奴僕：「快，把牲畜帶進來，明天，誰也不許出去。」

當然，也還有一些臣子，彼此相勸：「別把這種事當真，何必自己嚇自己？」

人是經常講話不算話的，上帝卻是言必行，行必果。神是有憐憫、有恩典，不輕易發怒，且有豐盛的慈愛與誠實，但是，當神伸張公義之時，祂可以在挪亞方舟時淹大水，在所多瑪燒烈火，祂當然也可以使用冰雹和任何自然現象處罰人類。

論到冰雹，埃及人可熟悉，小如彈珠般，大如高爾夫球（當然，那個時代沒有高爾夫球），尤其尼羅河谷夾在兩個沙漠之間，產生漏斗形風道，自高空近近落下，不免打傷打爛打碎一些東西，不過，也就僅這般威力。

但是，這場歷史性的雹災不一樣，突然之間，轟轟巨響，頃刻，大小不一的雹，摻著火，噼哩啪啦到處爆裂，無數的雹火球，彷彿手榴彈一般，無論是人，是牲畜，是田裡的蔬菜，是巨大的樹木，全部應聲而倒。

從冰雹的歷史文獻中，一般普通冰雹約三公分，能打壞汽車的擋風玻璃、震碎屋瓦。中國廣東曾出現長半尺、數公斤重的巨型冰雹。

《聖經》中間的冰雹，沒有記錄尺寸，重點不是大小，而是一雹擊中，必死無疑。而且，希伯來人居住的歌珊地，完全沒有雹災。

法老不得不召了摩西來，這一次他害怕了，他承認：「我和我的老百姓是邪惡的，我犯了罪。耶和華是公義的，你趕快為我們代禱，我一定容希伯來人離開。」

摩西太清楚法老的伎倆，他嘆口氣說：「我知道，你和你臣僕還是不懼怕耶和華，不過，我一出城，還是會為你禱告，冰雹馬上停止，讓你知道，全天下都屬於耶和華。」

「當然，當然。」法老敷衍地應著。

摩西出了城，舉手禱告，果然雹災止息。

法老舒了一口氣，臣子送來災情簡報：「大麥吐穗，麻也開了花，全被擊中，大麥是給牲畜吃的，麻是織亞麻布的。幸而，小麥要晚一個月才成熟，人民的糧食無虞。」

法老沒有細想，耶和華難道不能把小麥幼苗一併消滅嗎？神總是不忍心，就像父母親管教孩子，不能不嚴厲，卻總希望孩子早點學乖聽話。

法老還是心存僥倖，能賴就賴。

40. 糧食大戰

「天若有情天亦老」，這是中國詩人在情傷之後的想像。事實上，創造萬物的上帝雖然不會變老，卻有充沛的感情，因此當法老第一次、二次、三次、四次、五次、六次、七次，屢次欺天之後，上帝真正是發火動怒了。

但是，就像普天下的父母一樣，罰這罰那，就是捨不得用挨餓來處罰孩子，上天有好生之德。因此，儘管雹災傷了亞麻與大麥，晚一個月收成的小麥、粗麥則倖免於難。

埃及皇宮裡，馬屁之聲響徹雲霄：「法老英明、英明、英明。」一呼百頌，大凡君主在位愈久，愈顯昏庸。法老耳邊一片英明，他也沾沾自喜：「就擺慶功宴吧！」

於是，法老舉辦盛宴，男男女女，包括法老，畫上眼線、抹著眼皮膏、輕點胭脂、上口紅、綁辮子、戴假髮，身上還散發濃烈的香油膏，掛滿珠寶，貪婪地猛吃猛喝。

上帝在天上看著嘆息，祂對摩西說：「既然法老一連七次心中剛硬，也罷，我就讓他剛硬到死，讓普天之下，以及你們子子孫孫知道我是耶和華。」

於是摩西、亞倫入宮見法老，「耶和華說，明天我要讓蝗蟲進入埃及，把冰雹災變之後，一切所剩的吃光光，你等著看吧！」說完，摩西轉身而去。

法老心中倔強，低頭吮著葡萄美酒，對著摩西又一次「冒犯」，感到極其不悅。這時，一如中國古代不怕死的忠臣，有一位埃及老臣忍不住跳了出來，大聲地說：「法老啊，埃及已經整個敗壞了，你還不知道嗎？讓這些人滾吧！」

法老七次受驚之後，也意態闌珊，經老臣一提醒，他又把摩西叫了回來，問道：「你們要去事奉耶和華，所謂你們，指的究竟是誰？」

「老的、小的、兒子、女兒、牛群、羊群全要去。」

「那可不行，壯年人走吧，婦人、孩子得留下。」法老還想用婦孺人質威脅摩西，想了一想，法老又補上一句：「摩西，你要小心，禍事在你眼前。」說著，左右把摩西攆了出去。

「蝗蟲」？法老是聽說過的，卻不曾領教牠的厲害。現代社會商人為了促銷，經常舉辦大胃王比賽，看誰能夠在最短的時間，吞下最多食物，全世界大胃王莫不對蝗蟲甘拜下風。一隻蝗蟲或許算不得什麼，但是蝗蟲是大量產卵，一起孵化，整批出動，完全沒有預警，氣象專家不能掌握行蹤。發動攻勢之時，彷彿直升機般震天價響，片刻之間，遮天蔽日，不但樹葉禾田全部啃光，連一丁點綠色完全不留。

唐太宗貞觀二年曾經出現蝗災。太宗是歷史上真正少數愛民的皇帝，因為他認為

「剝削人民，等於一個人割自己身上的肉來充飢」，所以不敢縱慾，當他聽說蝗害，心中憂急。

蝗蟲不愧是昆蟲中的皇帝，竟然闖入皇宮，連牡丹花的葉子、莖幹全部啃光。唐太宗用捉蒼蠅的方式，雙雙攏住了幾隻蝗蟲，對天禱告：「民以穀為命，你竟然吃掉穀子，也罷，你來吃我的肺腸。」臣子們嚇得連連阻止：「不可以，不衛生。」唐太宗仍然活吞幾隻蝗蟲。

也許是太宗的誠意感動上蒼，不久，蝗蟲消失。到了唐玄宗，就是唐明皇，寵愛豐滿豔麗的楊貴妃，宮中為貴妃織錦刺繡的高手多達七百人。楊貴妃善解人意，妙解言律，唐明皇也有音樂修養，唧唧哼哼，醇酒美人，變得糊塗。

天寶二年，胡人安祿山面奏玄宗，東施效顰道：「去年營州蝗蟲，臣焚香禱告，若臣心不正，願蟲食我心，否則，願蟲散。」安祿山抖著大肚皮笑著繼續說：「結果，一群鳥自北方而來，把蝗蟲全部吃盡。」唐玄宗竟然大為感動，相信重達三百斤、肚皮垂過膝蓋的安祿山憨厚老實，種下安祿山之亂，唐朝國勢驟降。

到了唐朝末年，僖宗更加無能，出現黃巢之亂，又加上蝗災，官軍無糧，竟然捕了山中百姓當豬肉賣，秤斤論兩，胖子貴，瘦子便宜。黃巢部隊更可怕，將百姓捉來，投入碓磨，連肉帶骨磨碎煮熟，成為人肉肉骨茶，或者將骨頭磨成粉，如牛奶一般沖泡，是為人骨粉。

根據吃過人肉的說法，人肉並不好吃，酸酸的，實在是沒有東西可吃了。有人吃土，但是土吃多了會死掉，也有人狠心到易子而食，在在說明了蝗蟲之可怕可畏。

好，回到埃及，當上帝決定用蝗蟲為武器，祂指揮摩西這麼一伸杖，一晝一夜，耶和華命令東風颳向埃及（以前諸葛孔明借東風，只是觀察天象，上帝卻能任意掉轉風向），吹來了上億的蝗蟲。

埃及人嚇呆了，他們從來沒有看過這樣的隊伍，跳躍如馬，齒如猛獅，飛行極快，食量驚人，一大片葡萄園，可以在頃刻之間，毀了所有的樹，包括皮、包括枝條成為白白的桿子，所有青綠不見了，只剩下植物的屍體、裸露的樹幹。

法老也親眼目睹了這幅慘狀，所有皇宮花園中的青翠，霎時化為烏有。

不過，法老並不擔心，他有退敵之計，以前也曾奏效，不是嗎？於是，他急急召了摩西、亞倫來，很難過地說（他真的很難過，因為法老要解決眼前當務之急）：「啊，我得罪你們的神，又得罪了你們，求求你，就這一次，饒了我吧，脫離這一次的死亡。」

法老著急得流下眼淚，摩西就離開，求耶和華。耶和華用極大的西風，把蝗蟲全部吹入紅海，一個也沒留下。

事情過了，法老擦拭眼淚，自言自語：「關關難過，關關過。」至於他答應過的，放希伯來奴隸走？哼，門都沒有。

這是第八回災難，法老顯然還沒有學會一件事：神可是欺騙不得的。

41. 神秘的蝗蟲

埃及法老在深宮大院之中，怔怔地發呆，看著窗外，一片光禿，全被蝗蟲啃光了。但是摩西祈禱之後，所有蝗蟲都不見了。為什麼希伯來的神，可以對這種可怕的小東西，呼之即來，揮之則去？法老的背脊，一吋一吋冰凍。

蝗蟲，的確神秘，像是上天製造的，快齒打糧的武器。牠不像一般昆蟲，許多人一輩子沒見過蝗蟲，台灣地區從來沒有出現蝗蟲，但是，蝗蟲的確迄今存在，二〇一二年五月，新疆就經歷一場大蝗害。

《聖經》權威，英國大衛鮑森牧師，曾經講過一段他的親身經歷。一天中午，大衛抵達非洲奈及利亞的卡諾機場，日正當中，突然之間，整個天空刷黑，他以為是日蝕，竟是一片蝗蟲空襲，以每小時十英里的速度俯衝而來。他看著錶，計時太陽竟被遮蔽四十五分鐘，幾百萬隻蝗蟲盤旋在大衛的頭上，跳到他身上，然後，停在一棵青翠的樹上。

這一棵倒楣的樹，不到兩分鐘，遭強暴侵凌之後，被啃得光光的，非洲農夫一籌莫展。

大衛牧師相信，上帝創造宇宙，祂可以隨時伸手自然界，改變自然狀態，因此，祂要在世界各地傳教。

在中國古代，聞蝗蟲色變。以賣田為生的不肖子弟，被稱為蝗蟲過境。鄉野故事之中，甚且恭恭敬敬尊之為「蝗神」，實在是怕了牠。

古書之中的天災人禍是惡性循環，當皇帝失德，水災、旱災、蝗災相繼而來，尤其旱災之後，總是緊接蝗蟲，好像非把糧食啃個精光，逼迫皇帝反省，或是勒緊百姓的食道，讓人們學習為自己抗暴政尋覓生路。就像《聖經》中法老所遭遇的，蝗蟲把雹災之後所剩下的一切菜蔬小麥全部啃光。

中國鄉野傳奇的蝗蟲，不只吃素，竟然還吃葷。

傳說在明朝末年，天啟年間起了大蝗災，地方官命令，百姓共同捕蝗，於是村人個個敲著鍋子，一起出發，希望用鍋聲齊鳴嚇走蝗蟲，並且用大網捕蝗，烈火焚燒，但是，蝗蟲愈聚愈多，趕也趕不完。

這時，發現小嬰兒的啼哭聲，原來，像歐美人在沙灘，把自己埋在沙土中做日光浴一般，小貝比全身爬滿了蝗蟲，連一點白白嫩嫩的肌膚也看不見。

不用說，小嬰兒被蝗蟲咬死了。

傳說畢竟只是傳說，小嬰兒被餓死、或被大人吃掉時有所聞，一般來說，蝗蟲是草食類昆蟲。

但是，在《聖經》的最後一章〈啟示錄〉，蝗蟲為之丕變。

整本《聖經》，實際上是一本有字天書，如偵探小說一般，前有伏筆、後有結局，法老發生的事，到了後面，會再演一遍，例如前面提過的青蛙之災等等。上帝的用意，是要人們把握時間，趕快懺悔，人死之後，沒有輪迴，只有上天堂或下地獄，等到末日審判，神會賜人永生（永遠不死，有年輕健康的身體，不再有悲哀、哭泣、哀號），或是丟入燃燒不息的烈火之中。

末日真正來到之前，上帝會給人類種種警告，其中之一，就是蝗蟲。上帝對蝗蟲下達攻擊命令：「這一回，你們不可以傷害地上的青草、所有植物樹木，只許傷害額頭上沒有神的印記的人（原來，凡向耶穌懺悔認罪的人，額頭上都有一個記號，這個記號人自己看不見），不過，不許害死人，只能傷害人，讓他們痛苦五個月，這五個月，就像蠍子螫人般的痛苦，人想死，卻死不了。」

上帝總用許多方法管教人，管教不免處罰，但處罰不是目的，而是希望人能悔改，這就是他再三放過法老的道理。

到了〈啟示錄〉末日的蝗蟲，神一下令，變臉了，蝗蟲的臉像男人的臉，頭髮像女人的頭髮，牙齒像獅子的牙齒，胸口前有盔甲，尾巴像蠍子，尾巴上還有毒鉤，跑起來比軍馬還快，響聲隆隆。上帝藉蝗蟲的力量，想要把人拉回到神面前，但是，人常常不懂得找上帝，卻一心想死。

人的肉體會死，人的靈魂死也死不了，因此，自殺想死的人，只讓自己墮入更深的黑暗之中，《聖經》就是講這個道理，許多傳道人拚了性命，也是想傳揚這個真理。

下面講一個真實的故事：《鐵達尼號》的電影，許多人都看過，其中的戀愛故事是瞎編的，但是約翰哈伯牧師的故事是真的。一九一二年四月十四日，英國豪華遊輪鐵達尼號在橫越大西洋的處女航中，撞上冰山，造成一千五百人喪生。

哈伯召集了船上幾十位基督徒，唱詩、禱告，然後說：「弟兄姐妹，我們信了上帝，有永生盼望，其他人還沒有，所以我們放棄逃生，救他們出去！」

於是，一致行動，讓婦女、兒童先上救生艇，船上的樂隊奏起〈更加與主親近〉，穿著燕尾服，徐徐沉下海。

這時，哈伯牧師掉在海中，吞了幾口海水，漂流海中，遇到一位年輕人，哈伯牧師問道：「你信上帝了嗎？」

「沒有。」

一個大浪把他們沖開，又一個大浪讓他們相遇，哈伯牧師又問：「你與神和好了嗎？」

「沒有。」這個年輕人又喝了不少海水。

「拿著我的木杖，耶穌要救你。」哈伯牧師把木杖給了年輕人，沉入海中，見上帝去了。

這個年輕人後來獲救，趕到芝加哥慕迪教會，上去見證：「今天，原來哈伯牧師要來講道，他去見神了，為的是救我的靈魂。」台下感動得哭成一團。他後來寫了一本書《鐵達尼號船上最後的英雄》。

42. 過新年

許多人聽過《聖經》這本書，讀過理財聖經、健康聖經，卻沒有讀過真正的《聖經》，錯過了上天給人們最棒的禮物。

也有不少人讀《聖經》，卻只翻《新約》，殊不知，必須讀《舊約》，才看得懂《新約》，也才明瞭《聖經》中所說：「為你祝福的，我必賜福予他，詛咒你的，我必詛咒他。」這句話，代表多大的威力。

摩西的姐姐米利暗，對於上帝的體會，比別人更深刻。當她六歲，把媽媽準備好的，裡面放著嬰兒摩西的蒲草箱，擱在尼羅河岸邊，竟然引起埃及公主注意，成為埃及王子開始。米利暗知道，這是看不見的手——上帝主導一切，她死心塌地愛上希伯來神。

當摩西與亞倫進宮見法老，她雖然有信心，還是害怕兩個弟弟被砍成八塊丟出來，米利暗兩手握緊，不停禱告。當弟弟安全出宮之時，她尖聲歡呼，發現手指被自己緊掐，一片瘀青。

一次一次的災禍，歌珊地一次次躲過，尤其蝗蟲過境，居然豁免，連昆蟲都曉得要為希伯來奴隸伸冤，這怎麼可能嘛？

米利暗不知道哪兒找來一面鼓，鼕鼕敲起來，以歌劇女高音的姿態，忘神地且歌且舞。希伯來人一向快樂之時喜愛跳舞，男女並不一起跳舞，男人單獨跳，女人則是結伴而舞，米利暗成了帶頭的指揮。

啊，相信上帝的人，看見上帝一次次打敗埃及諸神，怎能不雀躍、歡呼、吶喊，啊我的主，啊我的神。

米利暗的鄰居羅莎，一向暮氣沉沉，悲觀負面，她澆冷水道：「搞了半天，我們還不是照樣當奴隸，沒指望。」

「不，我有信心，神會帶我們離開這裡。」米利暗十分堅決。

羅莎說：「我老了，走不動啦。」

八十六歲的米利暗拍一拍羅莎：「妳比我小十歲，不是嗎？」

兩個老姐妹正在爭論，摩西出現了，一群人擁了上來，安靜極了。

「聽著，我要宣佈一件大事，神要我們不再用埃及的陽曆，我們要以這個月為正月，Aviv 月（亞筆月）意思是青翠，是春天，是一年之首。

「你們每一個人，在本月初十，以一家為一個單位，準備一隻羊羔，依人數與飯量估算，約莫十個人或十一個人合吃一隻全羊，如果一家人數少，兩家、三家一起合用。這隻羊是山羊也好，綿羊也可以，但必須是一歲大的、沒有殘廢、雄壯的公羊（一歲大的公羊，約等於三十歲的青年）。

「在本月十四日，黃昏的時候（太陽落下，第一顆星星升起之前），把這隻羊在屋外給宰了，用牛膝草（一種灌木，類似薄荷）沾一沾，塗在各家的門楣、門框上面。

「羊得用烤的，不可生吃水煮，連頭帶腿帶五臟全部烤，烤完之後，在某家屋內闔家享用，得全部吃光，不可打包。若有剩下一丁點，第二天早晨，用火給燒了。

「吃的時候要腰間束帶（希伯來奴隸穿著大袍，得束上腰帶才有精神）、快快地吃，每人手上還得拿著手杖。」

羅莎扯了一下米利暗，「我們家沒這許多手杖，要手杖幹什麼？」

「摩西在講重要的事，妳不要出聲。」米利暗用手比個「噓」的手勢。

摩西鄭重地說：「這是逾越節，到了晚上，十四日晚上，神說我要巡行全埃及，把一切頭生的，包括長子、包括牛羊頭胎全部擊殺，只有房屋上有記號的，有羊血的，神會越過去，這個災禍不會臨到你們，你們世世代代要記會這日。

「此外，吃羊肉的時候，要用無酵餅與苦菜一同吃（所謂苦菜，指的是萵苣、胡椒草、菊苣、蛇根草、蒲公英，全是苦澀滋味的）。十四日以前，要完成除酵的工作，在這以前的麥粉一律不用。從正月十四日晚上，一直到二十一日晚上，你們要吃無酵餅，凡是這七天之中，吃有酵的人，就要從家中除掉他。」

摩西又語重心長地說：「耶和華神還說，十四日晚，你們務必在房間裡，不要外出，因為滅門天使將要來到，以後，你們到了耶和華應許給你們新賜的地方，你們世世代代要守逾越節與除酵節，並且要一五一十教導你們的下一代。」

摩西說完了，眾人都有複雜的情緒，有說不出來的感恩，也有對未來的恐懼。還有，這件事太不尋常，即使經過前面災難的倖免，仍然教人不敢相信。於是，個個低頭下拜。

羅莎悄悄問米利暗：「妳弟弟說的當真？」

米利暗輕描淡寫回了她一句：「妳也可以不準備啊。」

「我不敢，我不敢，這不是開玩笑的。」羅莎一邊走，一邊在思考該找哪隻羊下手。在歌珊，男人當奴隸，種田、養羊全是女人的事，胳臂和男人一般粗壯。

於是，希伯來人開始準備過年。

說到過年，中國古代也有類似的故事，一直到今天，中國人過兩個年，春節的農曆年才是真正的過年，和猶太人民族一般，以家為團聚的中心點。

所謂過年，乃是上古相傳，有一種叫「年」的野獸，在除夕夜晚，要來吃人肉，這年獸相當可怕，因此人們要敲鑼打鼓放鞭炮，想要趕跑年獸，並且一家人要守歲禦敵。等到捱到除夕夜，還沒有被年獸吃到肚子裡的，就是在大年初一，彼此作揖相賀：「恭喜，過年發財，歲歲平安。」

門楣上寫「天增歲月人添壽」，中國人其實一直懂得敬天愛人，知道凡事出於天保佑，只是還不明白上帝就是老天爺。

43. 沒有日蝕，太陽卻不見了

上帝的右手是慈愛，左手卻可怕。當人類不理會警訊，一次一次犯錯之時，突然之間，摩西向天一伸杖，整個埃及黑掉了。

有人說：「日蝕。」所謂日蝕是月亮走到太陽和地球中間，成為一直線，日光被月光遮蔽的現象。但是，日蝕很快就過去了，這一次的黑壓壓突如其來，陰森森、濃密密，似乎摸得著黑暗，大家都嚇得動都不敢動。

「會不會是克含仙？」克含仙是一種季候風，在埃及春天，常會在撒哈拉沙漠，吹起劇烈的南風，帶著厚厚塵沙，騰騰熱氣，類似沙塵暴，可是，這一回也不是。

對埃及人而言，太陽不見了，代表太陽神罷工，所有廟堂都籠罩在黑暗之中，祭司沒法祭祀，這該如何是好？

埃及人的宇宙觀是很特別的，去參觀木乃伊展覽之時，旁邊會畫圖解釋，埃及人心目之中，宇宙像特大號的火柴盒子，盒子的底部，是凹形大地，埃及位於最中央，盒頂是天，由四角隆起的四座大山支撐著，盒子邊緣環繞著大河，一艘巨船載著太陽在河上來回行駛。尼羅河是大河中的支流，太陽神是拉，乃埃及最高神，流傳迄今的壁畫之中，可見太陽神放射出花朵一般耀眼光芒。

太陽神不要埃及人了！他們帶著恐懼原地伏倒，大聲喊叫，哀哭流淚，唉哼，一連串的災難已經讓埃及人筋疲力竭，倦極累極，如今又黑了，從白天黑到晚上，從晚上黑到白天，第二天又還是一片漆黑，一種死亡的陰影，不吉祥的預兆蔓延開來。

上帝創造天地之時，地是空虛混沌，湖面黑暗，神的靈運行在水面上。神說有光，就有了光，但人心黑暗，周圍也跟著刷黑。

希伯來人居住的歌珊地，卻是日出日落，一如往常，有的學者認為，十災代表上帝對付埃及十神，不過，埃及的神明實在太多了，很難完全連連看，重點是，任何神明想要對抗上帝——自不量力。

摩西站在歌珊地，看著一片漆黑的埃及，他生長了四十年的埃及，沒有幸災樂禍，只有惻惻心疼。他想，上帝降災罰罪，一定都先警告，並且賜下避難途徑，何必固執不聽？希伯來人十二日已挑選了羊隻，有的埃及人輾轉聽到這個消息，也悄悄在十二日以前備妥一隻羊。

十二日過去了，十三日過去了，到了十四日晚，摩西接到通知，法老召見，這是上帝預料中事。

摩西知道，時候到了，他舉著火把，俯瞰凡間的昏暗，他知道，無論未來有多少痛苦艱難，他不會喪失對上帝的信心，對自我的尊敬。

進了皇宮，法老一副慌慌張張，卻又滿臉不耐煩的神情，「好吧，好吧，你們走吧！不過，你們的羊群、牛群總要留下來，你們的婦女、孩子可以跟你們一起走。」

法老很詭詐，他知道，人的財寶在哪裡，心也在哪裡，所以他要把希伯來人的財產扣下來。

「不行。」摩西回答：「我們得用牛羊祭祀耶和華我們的神，連一隻蹄也不留下來。」

由於耶和華使法老的心剛硬，法老就喝斥：「你得小心，你再見到我，你就必死無疑。」

《聖經》中這一句話：「耶和華使法老的心剛硬」，許多人認為，那就不是法老的錯了。其實前面七災是法老自己心剛硬，到了第八次耶和華神就認為，既然你非要如此剛愎自用，我就助你一臂之力。法老每次認錯都是想要躲掉眼前危難，並沒有真實地懺悔。

法老怎會屈服於希伯來神？開玩笑，他是堂堂法老，是蘭塞二世，是神，他在山上命人鑿了四座高樓大廈般的雕像，他要人崇拜他，法老也崇拜自己。

「希伯來人」，在埃及人看來，這不就是「外來賤民」之意嗎？法老惡狠狠的眼睛盯住摩西，暴烈的情緒擾動不安，嘴唇抖個不停，他心頭火起，幾乎想要伸出拳頭，捶打摩西的臉。想到摩西一次一次用希伯來神威脅他，想嚇他，他真是恨。

依照埃及的法律，奴隸本來就該做工、受虐待，四百年來都是如此，不是嗎？法老不知道為什麼要一次次受羞辱，他也不能體會上帝一次次給他機會的苦心用心，儘管法老也看出耶和華神的威力，但是他豈能投降，損了顏面。

摩西望著不可救藥的法老，一個字一個字清清楚楚地宣告：「耶和華神告訴我，今晚，半夜以後，祂要出來巡行，凡是埃及所有的長子，從坐在寶座上法老的長子。」摩西頓了一下，望著法老，「就是你的長子。」

摩西接著說：「一直到坐在磨子後面的婢女（這是埃及文字中常用的表達方式，意思是最窮困的），以及埃及所有的頭生的牲畜，一律死光，遍地是大哀號，至於以色列人平平安安，連埃及的狗也不敢對他們吠。然後，你和你的百姓都要來求我，要我們離開埃及。」

摩西真是難過沉痛，法老啊，法老，你的長子、全埃及人的長子，你全不顧念嗎？摩西氣忿忿地離開了。

埃及的皇宮走廊很長，摩西一面走，一面希望法老能叫住他，挽回他，埃及還有一條生機。

但是，法老雖然心虛虛的，他不肯低頭，當一個人離開了造物主，自己要當神，他就危險了。

「快，快找御醫，快快喚衛隊。」法老下令。

於是太子房間裡裡外外擠滿了人，術士也全員集合，裡一層外一層，密密保護。

埃及人相信法老的長子（儲君）是神（的化身）。

現在，法老這個神、他長子這個神，都受到空前的挑戰。

44. 驚悚的跨年

「五，四，三，二，一。」十二點鐘到了，眾人一片歡呼，互相擁抱，慶賀新的一年來到，這是世界各地流行的跨年晚會。

但是，在逾越節前一天晚上，希伯來人同樣在守候，心情十分複雜。他們不在屋外，一個也不許逗留在外，束上帶子，穿著鞋子，安靜地共享全羊大餐，最奇特的是，每人手上還準備一根杖子。

小朋友奇怪地問父母：「為什麼我要一根杖？」

「我也不知道，這是神規定的。」媽媽回答。

希伯來人在埃及當奴隸，過的是農業生活，在歌珊放牧，用不著杖子，但是，杖子後來用處可大著呢，只是他們不曉得。

歌珊地一切如常，但是，埃及已黑了三天了，黑暗不會帶著任何實質的傷害，只是恐懼，上帝就是要埃及人害怕，才會順服神的意旨。神愛世人，祂多麼捨不得任何一人受傷害。

十二點鐘到了，神的再八再九的忍耐到達極限，「殺無赦」指令一揮，滅門天使集體出動，在黑夜之中，暗紅血跡原不明顯，但是天使看得清楚，凡是門框上塗有羊血記號的，無論這家是希伯來人、埃及人一律放過（pass over），但是，其他沒有記號的，難逃一劫（所以神不是種族主義）。

突地，一陣尖銳的叫聲，響在沉寂的夜空，然後，迅速擴散，每一家的母親都發現長子暴斃，牛羊牲畜也不例外。醫生術士一個也沒有辦法，何況他們自家也慘遭橫禍，呆若木雞，一籌莫展。

希伯來的神，不只是希伯來的神，且是全宇宙的神，祂興起以色列這個民族，為的是要他們為模範，表彰祂的價值觀，這個價值觀對普世的人都適用。祂不能坐視希伯來人在埃及永遠當奴隸，也不能任憑他們被埃及的物質文明腐化，祂要帶他們走，上帝耶和華的熱心必完成此事。

在十二點以前，法老若悔改，一切一筆勾銷，希伯來奴隸回到自由，離開埃及，埃及回到埃及，神也希望埃及人能回到祂身邊。

但是，神的時間到了，就像挪亞方舟漲大水之時一般，不輕易發怒的上帝發怒了。不見棺材不落淚的法老，抱著長子（《聖經》上沒有記載長子多大，無論是小嬰兒或是成年人，做爸爸的豈能無哀痛），跪在皇宮中巨大的神像前，宮中一片哭聲，法老知道，沒有一個神能保護他，他自己是法老，虧自己還是個神，真是好笑。

「召摩西、亞倫。」法老終於低頭。

摩西、亞倫匆匆趕來，摩西一路聽見哭聲，心裡頭也跟著哭，「唉！」摩西難過極了。「半夜以前，法老肯聽最後警告，不就沒事。」摩西哭，沒有人能比天上的神更心痛。神一點不喜歡降災。

「你們走吧，連你們的羊群、牛群一起走吧！」法老無奈地攤開手，然後，又乞憐地說：「請你們為我祝福。」

埃及是當時世界最強的國家，擁有全世界最強的軍隊，上帝不用一兵一卒，十五日一大早，晨曦的微光亮起，二百五十萬希伯來奴隸，其中包括六十萬男丁，老老小小，男男女女全數撤離埃及。老百姓沒什麼家當，把沒有酵的生麵摶麵盆，包在衣服中，扛在肩頭上，「走囉！」

摩西的姐姐米利暗最為興奮，她催促著族人：「摩西說過，我們可以向埃及人要金器、銀器、衣裳。」

其實，還不待希伯來人開口，一路上，這個那個埃及人，自動送上寶物。

有人拿到一個蓮花紋的金杯，美不勝收。還有一個婦女，收到一雙黃金涼鞋，這雙鞋特優雅的曲線造型與完美的實用功能合而為一，製作之精巧，絕非現代時尚可比。

許多希伯來人都得到金鐲子，這些鐲子各不相同，異彩紛呈，他們戴在腕上，揣入懷中，樂不可支，白白做了四百多年的苦工，這真是上天從天上掉下來的禮物。

古往今來，金子永遠是人們所喜愛的資財，也是保值的最優，在埃及，金子還有一個特殊的功能，在宗教文章之中被稱之為「眾神之肉」。原來，金匠在工作坊的圖像之中，把金子加熱到一千八百度熔化為金粉，冷卻變硬之後，金子變成薄片，用來包裹木製的神像，或被釘在廟宇的門上。

眾神的肉轉移到希伯來人之手，象徵著耶和華神全面戰勝。

羅莎對米利暗說：「埃及地方這麼好，現在又怕我們，給我們送上金子、銀子，還有衣裳，妳想，我這件衣服多美多細緻，我生下來沒用過這麼好的料子。」說著，把衣裳在身上比了又比。

「我年紀大了，我走不動，不想走了。」羅莎乾脆賴在地上，就像土石流來襲之時，有些老人家不肯離開家園。

米利暗說：「妳就留下吧。當心埃及人辦完喪事，就找希伯來奴隸秋後算帳。我永遠忘不了當年他們把希伯來嬰兒，集體投入尼羅河的慘狀。」

「啊，那這一回慘劇也許是上天給他們的懲罰吧。」羅莎站了起來，繼續跟著隊伍往前走。

摩西，這位可愛可敬的神的僕人摩西，開始看見神交給他的大使命，掛帥前行，他臉上沒有一絲得色。只有謙卑恭謹，手上拿著一個布包包。

「這是什麼東西？」米利暗好奇地問。

「此乃我們祖先約瑟，四百多年前臨終之時，他曾囑咐，將來，以色列族將要出埃及，他要我們把他的骸骨帶走。」

「啊，他早就看到這一天？」

「這是神放在他心裡的話。」摩西懂，因為他也聽見神說話。

45. 神蹟再神蹟

養過狗的都知道，風未吹、草未動，聽覺靈敏的狗已經察覺。並且，只要有一隻狗開始吼，群犬開始合吠，流浪狗尤其具有這種特質，讓人聽來格外恐怖。

然而，在耶和華派天使，殺光埃及一切長子之時，那種嚎啕戰慄，佈滿黑夜，彷彿世界末日。歌珊地不但一切如常，連狗也睡得香甜，當然狗兒不會知道，過了逾越節，牠也得跟著主人離開埃及。

八十歲的摩西，捧著約瑟的骸骨，遙想四十年前，他因為心疼希伯來奴隸，殺了一個虐奴的工頭，倉皇離開埃及。他萬萬沒有想到，有一天，神派他指揮，率領兩百五十萬男男女女，攜家帶幼，牽著牛、趕著羊，扛著搏麵盆，沒有經過訓練，雜亂無章的烏合之眾出發囉！摩西感覺到被器重，但也覺得壓力沉重，心跳氣喘。

剛開始的時候，希伯來的奴隸只覺得好玩、興奮，把埃及人送的戒指套在指頭上，一面走一面晃，好像今天去健行旅遊。

從蘭塞到疏割，走了十五哩，有人發現：「咦？怎麼有埃及人？還有不知道從哪兒擄到埃及的，也跟在我們隊伍之中。」

希伯來人是很團結，也很排外的，耶和華早就告訴摩西：「這些外人，若守割禮，你們就要善待他們，別忘了，你們自己也當過寄居者。」神愛世人，愛所有人，《聖經》上把這些人稱之為「閒雜人等」。

前一天晚上徹夜未眠，第二天一大早趕路，走到這兒，大家都走不動了。雖說希伯來奴隸是苦力出身，磨練了四百年，但是，人總是人，還有老弱婦孺、正在發燒生病的、不良於行的，雜牌軍簡直亂七八糟，大人喊，小孩哭，這是大逃亡，也是大逃難。

人生的每一步，上帝都算得準準的，祂老早規定從正月十四日晚上，到二十一日晚上，他們要吃無酵餅，因為有酵的麵粉類容易發酸腐敗。再說，他們不是去郊遊，無法生火烹煮；另外，十四日晚餐，他們享用的全羊大餐，含有豐富的蛋白質，吃得飽飽的。

當大家累得不能動，得支著杖，才能緩緩前行之時，連小朋友也說：「現在我明白了，為什麼我得帶著杖，幸虧有杖。」

摩西走過來，把小孩子連人帶杖抱了起來，坐在他的膝蓋上，慈藹地對他說：「來，你都在低頭趕路，現在抬起頭來，看看天上有什麼？」

「有雲啊！」小朋友回答：「啊，這雲好長、好圓。」

「沒錯。」摩西的大手，摸著小朋友的腦袋，接著說：「這雲柱一整天都和我們在一起，這是神派來的。」

「派來做什麼？」

「怕你中暑啊。」

「難怪，我今天都覺得涼涼的，原來是雲柱。」

只有在沙漠中待過的人，才知道雲柱的可貴，西乃沙漠的熱度高達攝氏四十五度以上，一路之上，沒有樹蔭，沒有房舍，只有滾燙的沙土，他們也沒有帶足夠的水，就是有水，也頃刻被蒸發了，只有靠著雲柱，才能稍微喘息。

「哇，這條雲柱好長，你頭上也有雲，我頭上也有雲。」小朋友興奮大喊，許多小朋友靠攏摩西，摩西就在每一個人的頭上摸了一遍。

「摩西，我也可以摸一摸你的頭嗎？」有一個小朋友發問。

「啊，也是可以的。」摩西彎下腰，等於向小朋友一鞠躬，他忽然心中一股電流，是的，上帝要他謙卑，雲柱在上，困難在前，他豈敢不謙卑。

「也不過就是雲層嘛，何必管什麼神不神。」

希伯來奴隸之中，多得是平常不喜歡摩西的，開始嘲笑他。

被神一次一次管教，嚇得不敢發脾氣的摩西，只是笑笑，他本來不配做領袖，沒什麼好介意的，只是，經過了一次次神蹟，為什麼同胞還不相信神？

一會兒，天黑了，也冷了，沙漠地區，因為沒有濕氣鎖住陽光，一到晚上，立刻驟涼。

這時，在白天，有如一片山嵐一般，緩緩帶著行軍的雪白棉絮，剎那之間，竟然成為一列火柱。

「你瞧！」亞倫朝天一指。

「天啊！」

眾人目瞪口呆，這可比任何國慶煙火更炫目。煙火再花稍，總是之前準備排演過的，但是，雲拉成火柱，就像每一個人的頭上，插了一支手電筒，有亮、有光、有暖、有熱。

眾人一起下跪，是的，希伯來的神是全宇宙的神，祂可以隨意插手自然現象。

這個晚上，眾人沉沉睡去，他們累了，他們也放心了，原來，上帝是不休息的，不打盹，不貪睡，二十四小時全天守衛，睡吧，一切不用掛慮。

於是他們第二天，開開心心，乖乖順順跟著雲柱走，反正，上帝會保護，一切不用自己操心，多好。

當雲柱轉向南，到了密奪，他們傻了眼，密奪一面是沙漠，另一面是紅海，更前方則是險峻山脈。他們嚷嚷起來：「摩西，你一定是瘋了，從埃及到迦南，有一條捷徑，全程不超過一百哩，我們不走，法老葬完兒子，就會回來吃我們了，你為什麼如此愚蠢？」

摩西不開口。雲柱怎麼帶，他就怎麼跟，怎麼會來到這種艱難困境的處境？

原來，捷徑是非利士人之地，希伯來奴隸沒有膽量挑戰，神知道人的軟弱，不得不安排繞道。

但是，繞道也可怕啊，儘管前面出現過許多神蹟，大家還是膽怯、不安、恐懼、抱怨，早知道就不玩了……

好了，反正回不去了，就看神怎麼帶吧！

——這就是信心的考驗——

46. 不可能的事

我們打撞球，若是想要輕輕一推，所有的球，乖乖入洞，幾乎是不可能的事。上帝帶領人，也是一步一步，但是，神就是有辦法，神一開口、一個動作，讓萬事互相效力，叫愛神的人得著益處。

希伯來人來到密奪，看到前面是汪洋一片的紅海，立刻放聲大哭，他們並沒有準備集體自殺。有的學者認為，此紅海，並非我們今天看到的紅海，乃是蘇伊士運河旁邊的蘆葦海。管他是哪種海，反正，他們被帶到了絕路。

幾個大漢，衝到摩西身邊嗆聲：「你這個混蛋，把我們帶到這裡，埃及豈沒有墳墓，你為什麼引我們投海？我們在埃及，不早告訴你，不要攪擾我們，就讓我們給埃及人當奴隸嗎？」

死到臨頭，壯漢也抽抽噎噎，眼淚鼻涕齊下，充分表現出「好死不如賴活」的人性，剛剛逃出虎口，正在感謝神恩，若是世上有神，為什麼又要把他們送入狼口？

人是健忘的，他們已經忘了，上帝是怎樣一次一次救他們。可是每次狀況不一啊，前面就是海，毫無退路，換了你我，能不害怕嗎？

面對一片謾罵，摩西低聲下氣安撫眾人：「不怕，不怕，只管站住，看耶和華的救恩。」

剛剛才被恭維抬舉，捧為民族英雄的摩西，馬上遭到重擊，他雖然從來沒有驕傲得意，心中很難完全謙卑，總有那麼點兒沾沾自喜。神要預防摩西桀驁不馴，亮出紅海就讓摩西收回所有的自以為是。

摩西畢竟是雍然大度的領袖，他鎮定地說：「不要懼怕，只管站住，且看耶和華神的救恩。」

摩西當然對神有信心，但是，他當然也嚇得血壓直飆高，跪在地上，眼淚汩汩而下，乞求神高抬貴手。

神說話了：「摩西，你手上不是有杖嗎？為何向我哀求，你舉杖向海啊！」

是的，上一回摩西舉杖，尼羅河水變紅，但這一次不一樣啊，情況險峻啊！摩西忽然明白了，他只是表面的元帥，真正的指揮官是耶和華神。他篤定了。

另一方面，有人向法老報告：「希伯來人逃跑了。」

法老從喪子的悲哀之中醒了過來，敲一敲腦袋，他完全不明白，自己怎麼會糊裡糊塗，一下子放走了整批希伯來奴隸。

法老算一算清單，一下子喪失了這些生產力，建築停工，收入銳減，民間損失的金器、銀器，不計其數，他不能做「敗家子」。頓時，他回到理智層面，「希伯來奴隸逃到哪兒？」

立刻有人取了地圖來，法老一看，啞聲失笑，「他們畢竟是奴隸，笨啊，迷路了，我們是甕中捉鱉。」法老得意狂笑，他認為，自己還是比任何人都聰明。法老是拉，是神。

於是法老下令：「備戰車。」

所謂戰車，指的是由兩匹駿馬牽引的雙輪戰車，構造至為精巧，通常車後敞開，二人或三人一組，一人駕車，上面有弓箭矛盾，戰士就像我們的憲兵或儀隊，高帥英挺，他們既是神箭手，又似特種部隊的蛙人，具有肉搏能力，戰士乃軍中貴族，千挑萬選、有特殊體能，在埃及社會享有崇高地位。

法老再下令：「點六百輛精銳的馬車，立刻出發。」

回到希伯來人這邊。

摩西下令：「繼續往前走，前面會有乾地。」

這真是開玩笑了，再往前走，一腳就要踏到海中，那麼，往後走呢？再回到埃及，白白送死嗎？

米利暗站出來，安慰眾人：「別忘了，神怎樣一次一次保護我們。」是的，人在難中，最好的方法，正是數算神的恩典。

「你們瞧！雲柱還在頭頂上帶領著我們。」米利暗興奮地大喊：「我們正在神蹟之中。」

不過，前面就是海了，似乎要大家直挺挺地走向死亡。這支隊伍變成了送喪行列，送自己的死，大家邊走邊哭邊罵，愈走愈慢。

「要相信神。」摩西再叮嚀。這一點不理性，不合邏輯，不通之至。

突然間，一男子「啊」地喊了出來，他一手摀口，一手指著北邊。原來，沙丘之上，隱隱約約可以見到，埃及馬兵開來了，完了。女人尖聲喊叫，小孩大哭，牛羊也騷動，男人皺緊眉頭，也有人掄起拳頭，想要揍一頓摩西解憤。

顯然地，埃及軍隊也發現希伯來奴隸，他們放心了，忙著安營休息，不急，不急，明天再手到擒來。

突然之間，奇蹟出現，一直走在希伯來人上空的雲柱轉變了，這一片莊敬榮耀的保護隊伍，迅速轉移，一下子停在以色列與埃及之間。

對埃及人而言，突然變天，前面一團黑漆漆的濃霧，屬於現代人飛機場四周濃霧，飛機完全不能起飛的狀態，也像上帝降下黑暗之災時一般，埃及人只能不動。

對以色列人而言，這時陽光照耀，還不趕快跑。他們拔起腿來往前衝，大軍在後，火燒屁股，再累再倦也得跑。

就在那一剎那，方才如送喪般的老牛破車，又成為田徑賽跑中的健將。

牧人在曠野牧羊時，通常會走到羊群的前面，開路引導。一旦狀況發生，又會把羊群趕上前去，退到羊群後面，讓自己綜觀全局，抵擋野獸進犯。

因此，神的天使，既是前鋒又是後衛，牢牢守護著這支隊伍。

摩西望著漆黑一片與光明如晝的對比，他知道，他可以不用那麼緊張了。

47. 海底奔跑

每個人都有拿著拖鞋打蟑螂的經驗，如果不是一下子打得稀巴爛，白漿流出，蟑螂一定跑躲，有縫就鑽，即使已經誤食蟑螂藥，仍然要發揮求生本能，跑啊！

以色列人就是這樣，雖然遠遠看到紅海，但是埃及馬車的車輪聲，以及馬匹喘息用腳踢沙的嘈雜，讓他們如火燒屁股般往前奔。

好，現在真的到了紅海邊，大限已到，埃及追兵未至，他們就像死刑犯，能拖幾個時辰也好，停了下來。

除了像米利暗這般少數對神有信心的人，多半煩躁抱怨不已，團團圍住摩西，氣洶洶地指著他鼻子罵：「都是你害的。」「我真後悔竟然聽了你的漫天謊言。」

八十歲的摩西，自尊心完全被撕裂，但是，摩西到底比十八歲的年輕人有氣度。在人聲鼎沸之下，他仍然沉著鎮定，他對上帝有信心，對百姓有愛心。

他拿著杖，走向紅海，想起以前向尼羅河伸杖的奇蹟，現出勇氣，抬頭望天，「耶和華神啊，求祢顯靈。」接著，重重一劈……

忽然之間，風聲鶴唳的紅海邊，颳起巨大的東風。

二〇一二年十月三十日，美國東部突起大颶風，依氣象學原理，紐約在暴風範圍之外，可是颱風重創華爾街，股市休市，科學家一頭霧水，殊不知，這也許是神在發威。上帝是創造宇宙的神，祂創設自然律，但是，神隨時可介入自然律。人們形容海枯石爛，象徵天長地久，對神而言，這都是剎那可以完成的壯舉。

以色列人目瞪口呆，雷聲轟轟，冰雹火光霹靂，東風強勁猛烈，他們站立不住，退到岸邊，坐了下來，用衣服蒙頭蓋臉，哭聲直上雲霄。

有人喃喃禱告，有人悄悄哭泣，但是，大家都累極，小朋友俯在媽媽身上睡著了，每個人都疲倦不堪，反正一會兒埃及追兵來到，死前就睡上一覺吧，至少歇歇腿。

但是，真能睡的，畢竟是少數。東風呼呼，愈吹愈猛，後浪推著前浪，不斷發出掀動撞擊的巨響。許多人怨天：「耶和華神，信了祢真倒楣。」尤人：「摩西啊，你真會整人。」

摩西閉上眼睛，專注地禱告，東風帶來的海水，濺濕他一身，他完全沒有感覺，禱告的手，握得緊緊的。

「啊，啊，啊」一聲比一聲尖銳，眾人心下一驚，莫不是埃及兵追上來了，今夜要取他們的命。結果一睜開眼，全體一起：「啊，天啊！」

原來，海水被東風的吸力往西邊拉，竟然分開一條筆直大路，路的兩旁，仍是粼粼大海。神是守約施慈愛的神，儘管以色列民怨聲沖天，祂仍然開道，並且體貼細膩讓大家休息了一個晚上。

摩西舉起杖，往天一伸，「出發！」於是，男人催，女人喚孩子，小孩哭，牛羊嘶鳴，一群人亂七八糟，欣欣然上路了。

你如果去參觀過海底隧道，可以想像一下當時的情景，他們走在泥濘的河床上，大水直起如壘。水族館有透明玻璃阻擋，冷氣舒適，讓遊人與深海魚類徜徉，看得見，摸不著，指指點點，興趣盎然。以色列人在紅海，卻是真真實實，感受到神的膀臂把水撥開，保護他們過紅海，大家邊走邊驚悸讚嘆。

不過，雖然上帝親自開路，這一條恩典之路還是不好走，海床軟黏，高低不平，腥臭難聞，一個不小心摔倒，就是全身髒污，要靠彼此攙扶。當然，這也激發了人的潛力，原來走不動的羅莎，在泥地裡可是比誰都俐落——埃及軍隊馬上追來了。

當雲柱擋在埃及車馬之前，他們就應該察覺，上一回的大黑暗重演了，希伯來神出現了。但是他們沒有，只是滿腦子想著，如何把叛逃的、不乖的、該受處罰的奴隸們，集體活捉，回去好好修理，他們擁有世界最強的軍力。

車馬趕到海邊，埃及兵看到了奇蹟，海水竟然變乾，這也是神的警訊，上帝插手了，該停住了。

馬兒不肯走，把頭抬得高高的，長長嘶鳴著。所謂老馬識途，有時真該聽聽有經驗的老馬。

埃及軍隊哪肯依？重重、狠狠地摔著馬鞭，戰馬護痛，一個勁兒往前衝，只是海床不同乾地，駿馬無法施展。

這時，耶和華神從雲火柱中，觀看埃及軍兵。祂什麼都還沒有做，就這麼一看，紅海中的軍兵就亂成一團，車輛陷入爛泥，動彈不得，甚且脫落敗破，車軸四散。

「糟了，希伯來奴隸的神又出現了！」終於有埃及人醒悟過來了，「快逃！」誰能逃得過神的手掌心？當希伯來人上了岸，神一下令，摩西再次向海伸杖，就像二〇一一年日本海嘯一般，海水迅速復原，大水翻騰，一匹馬開始驚叫，另一兵裝飾著漂亮羽毛的頭盔不見了，被海水淹沒了，又一輛馬車翻覆了，四輪朝天，在一片驚叫哀號之中，車輛、馬匹、士兵全部被海水吞噬淹沒。

根據遠古埃及的殯葬文獻記載，死人的靈必須渡過蘆葦海，才可以進入下一個世界。摩西曾是埃及之子，他豈會不明白，啊，這也是《新約》中使徒保羅所說的：「他們都在雲下，都從海中經過，都在雲裡、海裡受洗。」

眾人都嘖嘖讚嘆神的至聖之榮，可頌可畏。米利暗手拿著鼓，邊唱邊跳，相較於中東許多地區，婦女的被強烈壓制，神的女兒到底不一樣。

不過，從另一個角度看，上帝還是愛埃及人，也希望他們回到神身邊，在猶太人的其他文獻，例如他勒目就禁止天使，在埃及兵受難時歌唱，而且說：「眼見這些我所創造的人在海中受難，你們怎能唱歌？」

另外，〈箴言書〉中有說：「你仇敵跌倒，你不要歡喜，他傾倒，你心不要快樂，恐怕耶和華看見就不喜悅，將怒氣從仇敵身上轉過來。」

摩西長長地嘆了一口氣，紅海已過，前途迢迢，任重道遠，惟有仰賴主恩浩蕩。

48. 逾越節與耶穌最後的晚餐

全世界不同國家、不同民族，有著不同節慶，帶給人們歡樂。然而，以色列人慶祝逾越節與除酵節，則是無比認真嚴肅，一絲不苟，半點不能馬虎。

從某一個角度而言，這也驗證了《聖經》的真實性，《舊約》其實也是猶太人的歷史書，雖然出紅海的紀錄，並沒有記載在埃及的歷史上，不過，南京大屠殺的歷史，日本人也盡量掩蓋，認錯本來是困難的。不斷出土的考古資料，卻是在在為《聖經》佐證。

在《聖經》第一章，〈創世記〉之中，上帝把水分為上下，創造出世界。在紅海奇蹟之中，上帝把海水分開，拯救百姓，創造一個新的國家與民族。曾經有西方學者推測，所謂紅海不過是一片沼澤地帶，不過，假如淺灘就能淹死埃及軍馬，那又是另一種奇蹟。

猶太人為了紀念刻骨銘心的經歷，一直到今天，年年過這個猶太的春節——逾越節，在亞筆月十四日，有鄭重的禮儀。除酵節則是正月十五日到二十一日，除酵的大事，則在正月十四日上午十時之前要完成。

除酵類似中國人春節大掃除，卻嚴格太多，凡是小麥、大麥、黑麥、裸麥、燕麥全是有酵；此外，豆類植物、玉蜀黍、甜玉米、栗子、芥菜，烹煮過程中會膨脹，一律禁用。只能吃一種扁扁的，無味、無酵（確保麥子與水接觸之時間）的餅，追念當年祖先出埃及時的難吃餅。

猶太人並且把平常經過發酵的鍋碗盤瓶全收了起來，端上逾越節專屬用具。家長們為了吸引孩子的興趣，還會故意撒些酵母在牆角，讓小朋友四處尋找，找到了，用羽毛把酵撥到木匙裡，再倒入紙袋之中（後來，歐美國家流行復活節找彩蛋即源於此）。

好，十四日上午十點整，家長會宣佈：「我們家中，任何沒有被看見、或是沒有被清除的酵，就當它不存在，只是地上的塵土而已。」

十四日晚吃逾越節大餐，不可少的是烤羊脛骨、苦菜。節前，要去邀請貧窮人、孤兒、殘疾人一起參加。節慶中要飲四杯酒，誦讀十災，每災唸完，倒出幾桶酒，表示不忘先人痛苦，也提醒自己不要幸災樂禍。

此外，家中最小的孩子，要問最年長的長輩四個問題。長輩要教育小孩，四杯酒代表神的四個應許：一、我要把你們從埃及人的重擔之下救出來；二、我要拯救你們脫離他們的奴役；三、我要用伸出來的膀臂和藉著嚴厲的刑罰來救贖你們；四、我要以你做我的子民，我也要做你們的上帝。

《聖經》分為《舊約》與《新約》，所謂約，指的是人與人之間或上帝與人之間的合同。例如上帝與挪亞立約、上帝與亞伯拉罕立約（我們在《吳姐姐講聖經故事》第一集中講過）。不過，通常人們所稱的《舊約》，則是指上帝在西乃山與以色列人所立的約，由摩西，把上帝的命令寫上，把牛血灑在老百姓身上，並且說：「你們瞧，這是立約的血，是耶和華與你們立約的憑據。」（這一段，我們在下一集中會講到。）

後來，猶太人並沒有切實遵守《舊約》，上帝派了獨生子耶穌來到世間，為世人贖罪，建立《新約》。猶太教徒不認耶穌，只讀《舊約》，基督徒則讀《舊約》，也讀《新約》。（也有猶太人信基督教，耶穌與十二門徒全是猶太人。）

你我所熟悉的，耶穌被賣的前一天，他和門徒所吃的最後的晚餐，就是逾越節，也是除酵節晚餐。可見得，耶穌生前，一直恪守《舊約》，不過，他把逾越節的意義翻新，不再在乎表面，而是直指內心。

耶穌認為，吃到肚子裡的酵，不能害人，一個人心裡發出的惡念、苟合、偷盜、兇殺、姦淫、貪婪、邪惡、詭詐、淫蕩、嫉妒、毀謗、驕傲、狂妄都是酵，單單靠吃無酵餅，那是沒有效果的。必須靠耶穌，讓一個人由耶穌作主掌權，才能成為一個新造的人、抵擋魔鬼的引誘。

因此，耶穌在吃飯的時候，拿起餅來，向上帝祝謝，擘開餅，分給門徒，告訴他們說：「這個餅是我的身體，為你們犧牲的，你們以後也要這麼做，用來紀念我。」

接著，又分遞葡萄酒，對著大家說：「這是我為你們所立《新約》的血、為你們流出來的。」

猶太人在買賣立約時，用血封約，因此，耶穌死前，以紅葡萄酒代表新血，表示凡是信主的，就在《新約》之中，成為上帝子民。

第二天，耶穌上了十字架，為我們每一個人的罪而死。沒錯，耶穌死在前，我們生在後，但是，因為耶穌後來復活、升天，現在還坐在上帝旁邊，祂還活著，可以為世人代求，所以，基督徒禱告，最後要加上一句奉「耶穌基督之名」，就是請耶穌向上帝求情。

至於世界末日何時來到，這得由上帝決定，耶穌也不知道。不過當那一天來到，世界毀滅，上帝派耶穌審判世人，凡信耶穌、又守祂道的人，可以上天堂，享永生的福氣，否則，只能下地獄，被永火折磨。

猶太教徒很可惜，他們不承認耶穌，不容易饒恕人，自己犯的罪，也不能由耶穌代頂，他們仍然堅持過傳統的逾越節。

至於天主教與基督教徒，已經不再吃逾越節的羊，而是改為每個月，有一次聖餐，由牧師擘餅，分酒，傳送給教堂中的會眾，分享耶穌餅、耶穌血，遙想主耶穌被賣的那一夜，並且為這個月懺悔反省。

通常牧師會加一句：「還沒有受洗的不要領取。」事實上，如果不能體會耶穌的苦心深情，單單吃餅喝酒，無法與耶穌聯絡。正如同不相信耶穌，翻閱《聖經》，讀來讀去，也不過是一本書，無法體會有字天書的奧秘。

耶穌進耶路撒冷的那一天，正月十日，就是摩西規定猶太百姓選定羊隻的那一天，其後四天，反覆檢查這隻羊是否有瑕疵。耶穌也在那四天被責難。最後，彼拉多說，在這人身上找不出任何罪。

十四日晚上，滅門天使巡行，凡是門楣門框上沒有羊血者，這家長子必死。

耶穌升天以後，凡接受耶穌為救主者，心門上塗了耶穌的寶血，免除過往的罪，蒙恩得救。

由於埃及人算日子，從一天清晨到第二天清晨算一天，猶太人算日子，由一天黃昏到第二天黃昏為一日，因此猶太人大喜的十四日，則是埃及人恐慌的十三日，一直到今天，世人視十三日為不祥，國外許多醫院沒有十三床，一如中國醫院沒有第四層樓一般，十三日的忌諱，源出於此也。

至於基督徒，有耶穌為救主，日日好日，年年好年。

【附錄】

基督教（和合本）與天主教（思高本）譯名對照表

基督教	天主教
出埃及記	出谷記
雅各	雅各伯
約瑟	若瑟
施弗拉	史斐辣
普阿	普亞
摩西	梅瑟
利未	肋未
法老	法郎
米甸	米德楊
流珥	勒烏耳

葉特（忒）羅……耶特洛
亞伯拉罕……亞巴郎
以撒……依撒格
耶和華……上主、天主、雅威
亞倫……亞郎
迦南……客納罕
暗蘭……阿默蘭
約基別……約革貝得
歌珊地……哥笙地
蘭塞……辣默色斯
疏割……穌苛特
西坡拉……漆頗辣
革舜……革爾熊
米利暗……米黎盎

這一次，吳姐姐不講中國歷史，
帶你探索世界人類的源頭！

吳姐姐講聖經故事

Ⅰ 創世記

吳涵碧——著

乘上時光之書，我們回到了世界的最初，
原來，一切的煩惱、紛爭、愛怨嗔癡，
全都從伊甸園的那顆禁果開始……

《聖經》可以說是現代西方文明的源頭，想要真正了解西方歷史，就不能不了解《聖經》。因此，吳姐姐秉持她寫中國歷史故事時一貫的嚴謹態度，用活潑生動的文筆將《聖經》中有趣的故事一一呈現出來！

從上帝七天創造世界的神奇、亞當夏娃被逐出伊甸園的曲折、挪亞方舟的驚異奇航、索多瑪城毀滅的驚心動魄，到人類史上的第一件謀殺案、九十歲超級美女的魅力、以阿世仇其實源自兩個女人的戰爭……每一篇故事都宛如看電影般引人入勝！

透過吳姐姐的巧筆，歷史不再是遙遠陌生的事件，我們在這些故事裡看到了人性中的欲望、嫉妒、猜忌、背叛，但也看到了人性中的良善美好，以及堅持與信念，而這些都使得幾千年前的《聖經》如今讀來依然具有超越時空、恆久不變的價值！

王建煊・王鼎鈞・朵　朵・李家同・周神助・周聯華・侯文詠・胡志強・孫　越・康來昌・黑幼龍・張茂松・張曉風・張德芬・華　嚴・漢寶德・盧蘇偉・歐晉德・魏德聖・薇薇夫人等55位各界名人一致好評推薦！

吳姐姐講聖經故事

③摩西與十誡

一塊撼動命運的石碑，十條天與人的赤誠之約！摩西帶領希伯來人離開埃及，走向了希望，而在西奈山上，他將面臨下一步的考驗……

得獎最多！坊間公認最佳的大眾歷史讀物！

◎金鼎獎推薦獎　◎金鼎獎優良出版品
◎優良兒童圖書「金龍獎」
◎國立教育資料館評鑑特優青少年課外讀物
◎中國文藝獎章
◎民生報「校園好書排行榜」票選第一名
◎台北國際視覺設計展插畫類金獎

口碑最好！各行各業意見領袖一致強力推薦！

石永貴・朱　炎・李四端・李雲嬌・宋楚瑜
李豔秋・邵玉銘・周芬伶・林美和・林清玄
林海音・侯文詠・保　真・徐木蘭・徐佳士
凌　拂・秦儷舫・徐鍾珮・郭為藩・陳裕堂
張曉風・梁瓊白・琦　君・傅佩容・栞　涵
彭　歌・楊平世・劉　墉・劉靜娟・鄭石岩
嶺　月・薇薇夫人・謝鵬雄・羅　蘭（以上依姓名筆劃序排列）

成績要好！學問要棒！徹底強化學生的國語文競爭力！

《吳姐姐講歷史故事》全套50冊共1075篇，大字大開本精印，所有內文並加註注音，方便小讀者辨認唸音和翻查字典對照學習。每篇故事更特別聘請名畫家劉建志先生專門繪製精美插圖，使整套書堪稱目前國內品質最佳、最值得擁有的歷史和國文課外讀物！
作者吳涵碧女士出身新聞世家，自政大新聞系畢業後，便一頭栽入中國歷史研究，費盡十餘年心血以個人之力寫成《吳姐姐講歷史故事》，工程之浩大，前教育部長郭為藩先生譽為足可媲美《資治通鑑》！全書以「人物」為主軸，透過嚴謹的態度、詳實的考據，兼顧文學性、情節性和趣味性。讓孩子在充分享受閱讀樂趣之餘，開拓眼界、增長見識，並快速提昇國語文的實力！

國家圖書館出版品預行編目資料

吳姐姐講聖經故事——②摩西出埃及 / 吳涵碧著.
--初版.--臺北市：皇冠文化. 2013.02
面；公分（皇冠叢書；第4289種）

ISBN 978-957-33-2972-5（平裝）

1.出埃及記 2.聖經故事

241.212　　102001314

皇冠叢書第4289種

吳姐姐講聖經故事

②摩西出埃及

作　　者—吳涵碧
發 行 人—平雲
出版發行—皇冠文化出版有限公司
台北市敦化北路120巷50號
電話◎02-27168888
郵撥帳號◎15261516號
皇冠出版社(香港)有限公司
香港銅鑼灣道180號百樂商業中心
19字樓1903室
電話◎2529-1778　傳真◎2527-0904
美術設計—王瓊瑤・蘇恂諄
著作完成日期—2012年11月
初版一刷日期—2013年2月
初版三刷日期—2022年6月
法律顧問—王惠光律師

讀者服務傳真專線◎02-27150507
電腦編號◎350102
ISBN◎978-957-33-2972-5
Printed in Taiwan
本書定價◎新台幣250元/港幣83元